スクリーンのなかの障害

わかりあうことが隠すもの

塙 幸枝
Yukie Ban

FILM ART
フィルムアート社

スクリーンのなかの障害――目次

【凡例】

・映画、テレビドラマ、テレビ番組、書籍、雑誌は『　』、論文、記事は「　」で示した。
・映画は初出時のみ続く（　）内に製作年と監督名を記した。

はじめに――障害と映画をつなぐ

「障害」というテーマを含む映画作品は数多く存在しますが、そのなかでも『コーダ　あいのうた』（二〇二一、シアン・ヘダー）は、近年もっとも注目を集めた作品の一つといえるでしょう。『コーダ　あいのうた』というタイトルが示すとおり、当作品はろう者[*1]の家族と聴者の子ども（コーダ[*2]）を描いた映画です。

主人公は聴者の少女ルビーですが、ルビー以外の家族は全員がろう者であり、物語にはろう者と聴者（社会）の隔たりや、そのあいだを取りもつルビーの葛藤が示されています。ルビーは高校に通いながら家業の漁を手伝い、家族の支えとなっていますが、高校で入部した合唱クラブで歌う楽しみを見い出し、音楽大学を受験するのか家業を手伝うのか、将来の進路に悩みます。はじめは進学に反対する両親ですが、ルビーの才能に気づき、進学を応援することをやがて決意します。[*3]『コーダ　あいのうた』にはルビーの成長物語や家族愛といった複数のテーマを読みとれますが、ろう者の家族をもつコーダとしてのアイデンティティが中核に据えられていることは間違いありませんし、さらにその背後には、「障害と社会」というテーマが明確に意識されています。

当作品は二〇二二年の第九四回アカデミー賞で三部門（作品賞、助演男優賞、脚色賞）を受賞したことで脚光を浴び、それをきっかけに「ろう」や「コーダ」をテーマとした映画として、あるいはより広くみれば「障害」をテーマとした映画としても、評価されることになりました。

しかし、当作品への世界的な賞賛をもってして、「障害というテーマへの注目度の高まり」とか、ひいては「障害に対する社会的理解の促進」といった結論に結びつけることは、あまりに短絡的です。なぜ『コーダ　あいのうた』が世界的注目を集めるに至ったのか、そこにはおそらく複数の要因が見い出されるはずです。あるいは『コーダ　あいのうた』は観客にいかなるメッセージを与えうるのか、そこにもまた複数の要素が関与しているはずです。そうした視座を丁寧に洗い出してみることが「スクリーンのなかの障害」を考えていくためには必要となるでしょう。

障害者への視線とリアリティの変化

当作品をはじめ、「障害」をテーマとした近年の映画には、それをポジティヴに捉えることで、「多様性」を称揚するような方向性がしばしば認められます。しかし、かつて映画のなかで描かれてきた障害は、かならずしもそうした傾向をもつとはかぎりませんでした。現在の社会状況からみれば考えにくいことですが、障害（者）が「差別」や「恐れ」の対象として描かれたり、「同情」や「哀れみ」の対象として描かれたりすることも頻繁にあったのです。そうした状況からみれば、昨今の映画が目指す「親和的」で「共生的」な障害観は、一見すると、障害をとりまく社会態度の進歩と受けとることもできます。

しかし、「親和的」で「共生的」な障害観はいつでも手放しで賞賛されるべきものなのでしょうか。障害者を観客にとって「理解可能な存在」として描くことは、もしかすると、他者と向き合う際に当たり前に生じうる「わからないこと」や「理解できないこと」を覆い隠し、障害をとりまく（本当の意味での）多様な側面をみえなくさせる可能性をもつかもしれません。そこで注意したいのが、「スクリーンのなかの障害」がいかなる構図をともなって描かれるのか、という点です。

映画のなかで「障害」というテーマを扱うことは、単に「障害」を描写することにとどまりません。それは「障害」をめぐる「人々のコミュニケーション」を描くことにほかならないのです。この「人々」とは、障害者と健常者の関係を指す場合もあれば、障害者同士の関係を指す場合もあります。同時にそれは、個人間の関係を指す場合もあれば、個人と社会の関係を指す場合もあります。またそうした関係性は、「友情」や「恋愛」や「家族愛」といった枠組みで捉えられることもあれば、ときには既存の枠組みに回収できない場合もあるでしょう。いずれにしても、映画において「障害」ということだけを抽出して提示することなどできず、そこにはかならず「人と人との関係性」を描くということが不随しているはずです。私たち人間の生活自体がつねにコミュニケーションと切り離せないことを考えれば、それはごく当然のことにも思えます。

『コーダ　あいのうた』の場合にも、強調されるのはろう者と聴者の関係をはじめとするコミュニケーションだといえます。そこでは「わかりあえなかった人々がわかりあえるようになる」とか、「うまくいかなかった物事がうまくいくようになる」とか、いわば「不全」から「達成」へのコミュニケーションが示されるわけですが、そのコミュニケーションの架け橋を担うのが主人公ルビーの存在です。それはルビーがろう者の家族と聴者の社会をつなぐ手話通訳としての役割を帯びていることからも明らかですが、ルビーが取りもつコミュニケーションは物語内の人間関係だけにとどまりません。というのも、当作品を聴者の立場から観る多くの観客にとって、ルビーは感情移入の対象となることを請け負いながら、「ろう」や「手話」というテーマを観客にわかりやすく伝達する架け橋にもなっているからです。

当作品では物語内部においても、物語外部の鑑賞行為においても、「わかりあい」を目指すような共感的コミュニケーションが引き起こされるわけですが、そうした指向性は他の作品にも認められます。このように、「コミュニケーション」という視座を導入してみると、「スクリーンのなかの障害」が観客に提示しようとする構図やメッセージの意味が、より鮮明にみえてくるように思います。

ところで、「スクリーンのなかの障害」をとりまく共感的コミュニケーションは、しばしば映像や音響の仕掛けによって下支えされています。たとえば『コーダ　あいのうた』では、ろう者と聴者の関係をめぐる「聞こえないこと／聞こえること」が重要な要素をなしていますが、それが観客にとって認知可能なものとなるのは、視覚的な映像と聴覚的な音響によって表象されているからです。その象徴的なシーンの一つが、ろう者の両親が置かれた「音のない世界」を無音のサウンドによって再現した場面です。詳しくは本論で扱いますが、観客はろう者の両親が聞くのと同じように物語世界の音を聞くことによって、いわば彼らとの同一化を疑似体験するというわけです。一見すれば、これは聴覚を用いた「障害の再現」とも受けとれますが、じつのところ、観客が「音のない世界」をそれとして認知できるのは、その前後に置かれているサウンドに彩られた物語世界との対照性を承知しているからだともいえます。

こうした点を考慮すると、映像や音響による感情移入や同一化の仕掛けは、当然のことながら障害の忠実な再現などではありませんし、またその背後には、登場人物と観客の不均衡な関係が前提とされているともいえるでしょう。観客の鑑賞行為という観点から「スクリーンのなかの障害」を考えるには、視覚的・聴覚的な表象のなされかたにも注目することが重要です。

以上に示されるように、『コーダ　あいのうた』には様々な分析視点を見い出すことができますが、当作品に対する世界的な評価は、じつは作品のストーリーや構成だけに向けられたものではありませんでした。それが「ろう者の役にろう者の俳優を起用する」というキャスティングのあり方への賞賛です。主人公ルビーの父親役を演じたトロイ・コッツァーもろう者の一人ですが、彼がアカデミー賞の助演男優賞を受賞したことも相まって、映画における当事者キャスティングのあり方に高い関心が寄せられています。これは裏を返せば、これまで多くの製作現場において、障害当事者の俳優が排除されてきたことを意味してもいます。その結果として、映画に描かれる手話やろう文化が実態とかけ離れたものになってきたという批判の声があげられてきたのも事実です。[*4]

そのような経緯から、「障害を演じること」はしばしば権利の問題として論じられてきましたが、他方でそれは、「演じること」をめぐる「リアリティ」の問題として考えてみることも可能ではないでしょうか。「健常者／障害者が障害者を演じること」に対して「リアリティがある／リアリティがない」といった評価がもたらされるとき、そこには演技性やフィクション性を維持するフレームの成立（あるいは破綻）が認められるはずです。「スクリーンのなかの障害」をめぐる議論は作品の内容分析に向けられがちですが、「障害を演じる行為」や「観客がそれを観る行為」にも目を向けてみると、映画と障害を論じる可能性が広がるように思います。

考察視点と前提事項

さて、ここまでやや長い前置きとなりましたが、本書の目的は、スクリーンのなかで障害がいかに描かれてきたのか、また、より今日的な映画作品のなかで障害がいかに描かれるようになったのか、を検討することにあります。以上に『コーダ　あいのうた』を取り上げたのは、そこにいくつかの重要な考察視点が見い出されることを確認するためです。しかもそれは、『コーダ　あいのうた』に限定的なトピックなのではなく、これから取り組む「スクリーンのなかの障害」全般に通底する考察視点となるはずです。あらためて整理してみると、それらの考察視点は以下のような形で示すことができます。

考察視点① コミュニケーションの問題として描かれる障害――「スクリーンのなかの障害」は、しばしばコミュニケーションの問題として描かれる。そこでのコミュニケーションは一般的に「不全」から「達成」へのストーリーを辿ることが多いが、それは観客に対していかなるメッセージを提示するのか。（第3章）

考察視点② 視覚的・聴覚的に再現される障害――「スクリーンのなかの障害」は、何らかの視覚的・聴覚的な描写によってあらわされる。とくに主人公の主観的視点や主観的聴取点による障害の再現は、観客の同一化を促す仕掛けとして作用するが、それは障害の表象や観客の鑑賞において何をもたらすのか。（第4章）

考察視点③ 身体的に演じられる障害――「スクリーンのなかの障害」には、かならず「障害を演じる」という行為が介在している。とりわけ近年では、「障害を演じること」をめぐって「リアリティがある／リアリティがない」といった論点が取り沙汰されているが、演じることのフィクション性という観点から考えてみるとき、そうした評価は何に依拠するのか。（第5章）

これらの視点はどちらかといえば、「スクリーンのなかの障害」が有する問題を、アクチュアルなテーマとして論じていくために有効な視点だといえます。他方で、本書の目的となる、スクリーンのなかで障害がいかに描かれてきたのか、また、より今日的な映画作品のなかで障害がいかに描かれるようになったのか、という点を検討するためには、そこに歴史的・社会的な視点を導入することが求められます。

巨視的にみれば、映画にかぎらずメディア作品における障害表象のあり方には、一定の変化を見い出すことができます。既述のとおり、かつては「差別」や「恐れ」の対象として描かれていた障害者が、「同情」や「哀れみ」の対象や、「共生」の対象へと変化してきたことも、そうした傾向の一つといえます。表象の次元における変遷を追ってみることは、障害に対する社会の意識や人々の態度の変化を捉える一つの視点になるはずですから、映画表象をつうじて社会の障害認識を読み解くということが本書にとっては重要な作業になります。そのためには、「表象の次元における障害の描かれ方」と「社会における障害の捉えられ方」の両側面に目を向けることが必要になります。すでに示した三つの考察視点に立ち入るまえに、本書ではそれに先立って以下の二つの前提を共有しておきたいと思います。

前提事項①　社会における障害観の変化——社会の次元において、障害の捉え方やそれにもとづく障害者へのまなざしはどのような通時的変化を辿ってきたのか。（第1章）

前提事項②　映画における障害者イメージの変遷——映画表象の次元において、障害や障害者の描き方はどのような通時的変遷を辿ってきたのか。（第2章）

見取り図とねらい

本書はこれらの前提事項（第1章、第2章）に既述の考察視点（第3章、第4章、第5章）を積み上げる形で構成されています。各項目の要点はすでに示してありますが、以下には各章の概要を簡潔に述べておきたいと思います。

障害を扱う学問領域の一つに障害学という分野がありますが、第1章の「社会における障害観の変化——「共生」の背後にあるもの」は、基本的に障害学の立場にもとづくものです。映画表象の次元における障害を議論するからには、まず社会の次元における障害の位置づけやその変遷を理解しなければなりませんが、そのために「障害の医学モデル／障害の社会モデル」といった基本的な理論枠組みや、近年の「社会モデル」理解をめぐる論評について確認します。社会における障害観が「共生」「自立」「能力」といった様々な社会的意図を帯びたものであることに留意し、そうした障害観が障害者に対するまなざし（障害者観）にも関与していることを示します。

他方、第2章の「映画における障害者イメージの変遷――「モンスター化された障害者」から「非力化／有能力化された障害者」へ」は、表象の次元における障害を論じるものです。ここでは映画における障害者イメージのパターンを捉えるために、「モンスター化された障害者」「非力化された障害者（⇔「脱モンスター化された障害者」）」「有能力化された障害者（⇔「脱非力化された障害者」）」という枠組みを提示するとともに、映画のなかの障害者がどのような位置づけを課されているのか（「対象の描写」）と、それが作品のなかでなぜそのように描かれているのか（「描写の意図」）を区別しながら、障害表象の通時的変遷を辿ります。障害表象は社会における障害観とゆるやかなつながりをもちますが、ここでは障害者の描き方が過去のステレオタイプを脱却した、という希望的観測に陥らないように注意しながら、表象の次元における障害へのまなざしの様相を探ります。

第1章と第2章で扱うこれらのパートは、「映画を扱う書」であるという点で本書に興味をもってくれた読者にとっては、少々退屈なものに感じられるかもしれません。というのも、とくに第1

章では、「スクリーンのなかの障害」というテーマのうち「スクリーン」という要素を一度置き去りにして、社会的な視点から「障害」というトピックに目を向ける必要があるからです。しかし既述のとおり、表象の次元における障害の描かれ方は、現実社会における人々の意識や態度と無関係ではありません。映画表象をつうじて社会の障害認識を読み解こうとする本書にとって、「障害」という側面からもできるだけ丁寧に検討を加えることが重要になります。

上記の前提事項をふまえたうえで、第3章の「コミュニケーションの問題として描かれる障害――「不全」と「達成」のストーリーは何を意味するのか」では、「コミュニケーション」という視座を導入することになります。「表象内部の次元（物語世界における障害をめぐるコミュニケーション）」「鑑賞の次元（観客が表象を意味づけるコミュニケーション）」「鑑賞を顧みる次元（表象を意味づける鑑賞行為について考察するコミュニケーション）」の諸段階に目を向け、障害表象の変遷と傾向を新たな視点から考察します。第2章では映画のなかの障害者に課される位置づけがどのように転じたのか、という点に着目するのに対して、本章ではむしろ、障害をめぐって提示されるコミュニケーションが一定のパターンを帯びているのではないか、という問題の共通性を指摘します。とくにそれらのコミュニケーションが「コミュニケーションの不全」から「コミュニケーションの達成」へのプロセスを描くものであることに注目し、そこで促される障害理解が「障害」や「コミュニケーション」に対する多様な解釈を隠蔽する可能性についても言及します。

続く第4章の「視覚的・聴覚的に再現される障害――「聞こえないこと」はいかに表象されうるのか」では、映画における映像や音響の仕掛けに着目し、その表象をつうじて障害がいかに再現されうるのか（あるいは再現されえないのか）を検討します。本章では障害を扱う映画のうち、とりわけろうや難聴などの聴覚障害をめぐる「聞こえないこと」の表象を取り上げ、主観的聴取点のサウンド（無音）を用いた再現シーンが観客に同一化を促す一方で、それがじっさいには観客の聴覚体験を前提とするものである、といった側面を明らかにします。ただし、「聞こえないこと」をめぐる音の表象は音響だけを対象とする独立的な問題としては議論できず、つねに視覚的な映像表象をともなうことから、それらが織りなす関係にも配慮することになります。

最終章となる第5章の「身体的に演じられる障害――障害のリアリティはいかに評価されうるのか」では、「障害を演じること」をめぐってしばしば提起される、「リアリティがある／リアリティがない」といった論点に注目し、その評価は何にもとづくものなのかを、映画を受けとる観客の意識の問題として考察します。本章の議論は「演技」や「フィクション」の観点を含みますが、とりわけ「演じる行為」が何かを真似るという点で「ごっこ遊び」（あるいは「遊び」）の理論とつうじることをふまえ、「障害を演じる行為」及び「観客がそれを観る行為」を成り立たせる境界の存在に目を向けます。「遊び」「演技」「フィクション」といった観点を導入することで、「是非」の問題（「健常者は障害者を演じるべきではない」）ではなく、「可否」の問題（「フィクションとして許容できなくなる時、その齟齬や乖離はどこから生じるのか」）から、「障害を演じること」をめぐる議論を捉えてみることが本章のねらいです。

上記の展開にあたって、本書では「障害」をテーマとする複数の映画作品を取り上げます。作品の選定に際して、そこで扱われる障害の種類などについてはとくに制約を設けていません。もちろん障害は種類や程度によって同じ議論のなかに置くことができない点もありますが、本書ではまず「スクリーンのなかの障害」という大きな枠組みでの議論を優先し、障害の描き方という点で共通する問題点を浮き彫りにすることを目指したいと考えています。また、取り上げる作品は決して網羅的ではないかもしれませんが、できるだけ今日的な作品にも言及するように努めました。

映画論の領域ではすでに多くの良著を認めることができますが、それだけ優れた研究分野のなかで「障害」と映画をつなぐテーマがあまり扱われてこなかったことに、私たちは向き合う必要があるのではないでしょうか。また、障害研究の領域においても、「映画表象」と障害をつなぐテーマはあまり議論の中心に置かれてこなかったという現状があります。「障害と表象」の問題がこれから体系的に研究されていくために、その一端を担う問題提起として本書を位置づけるという大きな目標を掲げつつ、通時的視点と現在的視点の双方に足場を置きながら議論を進めていきたいと思います。

＊1　聴覚障害は、聞こえの程度や失聴時期の違いによって「ろう」「難聴」「中途失聴」といったいくつかの区分に分けられます。ただしそれらの違いは、単なる医学的区分としてのみ捉えられる問題ではなく、当事者のアイデンティティにかかわる問題でもあります。ろう者の場合には、手話を母語とすることが重要な意味をもちます。

＊2　ろう者の親のもとで育つ子どもをCODA（Children of Deaf Adults）と呼びます。

＊3　当作品は二〇一五年にフランス映画祭で観客賞を受賞した『エール！』（二〇一四、エリック・ラルティゴ）のリメイク版として知られますが、人物像や細部のストーリーには差異もみられます。

＊4　『コーダ　あいのうた』はろう者の描写において多くの賞賛を集めましたが、他方で、家族以外のろうコミュニティが描かれない点や、家族の対外的なコミュニケーションがルビーに依存したものとして描かれている点に疑義が呈されることもあります。

第1章

社会における障害観の変化

「共生」の背後にあるもの

「スクリーンのなかの障害」という本書のタイトルを目にした読者のなかには、「障害」という言葉が漢字表記になっていることについて、それでよいのだろうかと疑問を抱いた人がいるかもしれません。というのも、近年では「障害」を表記する際に、「障がい」と平仮名で書いたり、「障碍」という字を用いたりすることが多いからです。その根底には、「害」という漢字が「害悪」を意味することから、まるで障害者を「害」ある存在として捉えるようで失礼だ、という発想があるようです。そしてこのロジックを支えているのは、「障害とは障害者個人の保有物である」とか、「障害者とは障害をもつ人のことである」といった障害観だといえます。しかし、障害をどう捉えるのかということを考え直してみると、「障害」表記のあり方についても別の見方ができるかもしれません。

医学モデル／社会モデル

そこでまず理解しておきたいのが、そもそも障害とは何か、障害をどう定義するのか、という問題です。障害の捉え方をめぐっては、しばしば二つの異なる立場が参照されてきました。それが「障害の医学モデル」（以下、「医学モデル」）と「障害の社会モデル」（以下、「社会モデル」）による障害理解の違いです。

医学モデルでは、障害を「障害者個人に帰属する身体的・精神的欠損＝インペアメント(impairment)」として捉えます。ここでは障害が障害者個人の保有する特性とされているわけですから、障害を軽減させるためには治療やリハビリテーションが必要だということになります。まさに「医学モデル」という名が示すように、ここでの障害とは医学やリハビリテーション学が扱う治療の対象だということです。

このような障害理解は多くの人にとって馴染み深いものであるため、一見したところ何の問題もないようにみえるかもしれません。しかし、インペアメントという側面だけに注目し、障害を障害者個人にのみ帰属させて考えるということは、障害をめぐる困難やそれを軽減するための方法がすべて障害者個人の問題として片付けられてしまう可能性を含んでいます。つまりそこには障害を社会的な次元から捉える視点が決定的に欠如しているのです。

そうした観点から、社会的に障害を捉えることの重要性を提起したのが「社会モデル」です。社会モデルでは、障害を「障害者に不利益を生じさせる社会的障壁＝ディスアビリティ(disability)」として捉えます。ここでは障害が障害者の側にではなく社会の側にあるとするわけですから、障害を軽減させるためには社会の環境を変えることや人々の意識的な変革が必要だということになります。

このように医学モデルと社会モデルを分かつもっとも大きな違いは、障害を障害者個人の問題として理解するのか、障害者をとりまく社会の問題として理解するのか、ということに由来しています。そしてこれは、先述した「障害」の表記をめぐる問題とも重なります。もし医学モデルの立場から障害を理解するのであれば、たしかに「障害」の「害」は障害者に帰属するものにみえるかもしれません。他方で、社会モデルの立場から障害を理解するのであれば、「障害」の「害」はむしろ社会の側にあるということになります。このような前提に立ち、本書でも障害の表記にあたっては（「障がい」や「障碍」ではなく）「障害」という漢字を用いています。

ここで、医学モデルと社会モデルの理論的枠組みが出現した経緯についても確認しておきましょう。両モデルは突如として、同時に現れたわけではありません。一九八〇年代、すでに存在した医学モデル的な障害理解に対して、異議を唱える形で提起されたのが社会モデルの立場でした。つまり経緯としては医学モデルへの対抗として社会モデルが出現した形になりますが、社会モデルの理論が打ち出されたことによってあらためて、医学モデルの問題点が表面化してきたともいえます。

付け加えれば、障害の定義が議論されるには、そもそも障害概念が存在していることが前提となります。障害概念が生まれる以前には、「障害」（と現在であれば呼ばれるもの）が科学的に説明不可能なものとして災いや因果応報に結びつけられたり、その結果として、障害や障害者が「悪なるもの」とみされたりしたことを考えれば、(たとえそれが医学モデル的な発想であったにせよ) 障害概念の発生は差別や偏見への抵抗として大きな転換になったことがうかがえます。

しかし、障害概念の発生が「医療化 (medicalization)」のプロセスと切り離せない以上、どうしてもそこには社会的な意図のもとで個人を管理しようとする力がともないます。病の症状に対する医学的な解釈が治療という方法だけを適切なものとみなし、もしそこに社会的な解釈を導入する余地を排除するのだとしたら、それは根本的な問題を覆い隠すことになるともいえます。[*1] ともかく、医学モデルから社会モデルへの移行を考える際には、それよりまえの段階として、医学モデル的な障害概念が発生する以前の時代が存在したことも念頭に置かなければなりません。

インペアメント／ディスアビリティ

一九八〇年前後は「障害者の権利宣言」「国際障害者年」「国連・障害者の十年」など、障害者の権利をめぐる動きが活発化した時代ですが、社会モデルの提起やその主張による医学モデル的な障害観の見直しが浮上してくるのもこの時期だといえます。

そうしたなか、社会モデルの主張において明確な批判対象となったのが、一九八〇年に世界保健機関（World Health Organization＝WHO）が提示した「国際障害分類初版（International Classification of Impairments, Disabilities and Handicaps＝ICIDH）」の障害分類です。[*2] そこでは障害が「機能障害」という観点から「インペアメント（impairment＝機能障害）」「ディスアビリティ（disability＝能力障害）」「ハンディキャップ（handicap＝社会的不利）」の分類によって説明されています。これに対して、「隔離に反対する身体障害者連盟（Union of the Physically Impaired Against Segregation＝UPIAS）」や「障害者インターナショナル（Disabled Peoples' International＝DPI）」などの障害者団体は、WHOの障害分類が機能障害という側面に集約され、とりわけディスアビリティにおける「社会的障壁による困難」という側面を見落としているとして批判しました。

UPIASの主張では、インペアメントが「手足の一部、または全部の欠損、あるいは手足の欠陥や身体の組織または機能の欠陥をもっていること」を意味する一方で、ディスアビリティとは「身体的なインペアメントをもつ人々をまったく、またはほとんど考慮せず、そのことによって彼らを社会活動の主流から排除する現在の社会組織によって生じる不利益、または活動の制約」であり、社会的障壁としてのディスアビリティに注目することの重要性が強調されています。[*3] このような出来事には、まさに社会的な観点から障害を捉えようとする障害学（Disability Studies）の視点を見い出すことができます。

同様の視点は、イギリス障害学の先駆者であるマイケル・オリバーの見解にもみてとることができます。オリバーは資本主義社会における労働という観点から、雇用の機会に際して障害者が正当な扱いを受けられない社会状況について議論を展開していきます。[*4]

新しいパラダイムが含んでいる中でもっとも根本的な変革は、ある特定の個人の身体的制限から、ある特定のグループやカテゴリーの人々に制約を強いている物理的・社会的環境へと焦点を変えるということである。（中略）それゆえ、社会モデルにおける調整とは社会にとっての問題であり、障害者個人の問題ではない。[*5]

上記の主張からも、オリバーによる問題提起は社会の側の変革を求めるものであることがわかります。しかしその一方で、オリバーの社会モデルに対して批判が呈されてきたこともまた事実です。それらの批判を先導してきたのは、ジェニー・モリスやリズ・クロウといった一九九〇年代におけるフェミニスト障害学の研究者たちでした。

障害の社会モデルを新しい視点で捉え、その複雑な要素すべてを統合することを学んでいかなくてはならない。ディスアビリティとインペアメントがどのように同時に作用しているかを認識することは決定的に重要である。社会モデルは、ディスアビリティでもってすべてが説明できるとも、インペアメントを考慮しないとも言ってこなかった。しかし、そこから端的に受ける印象は、インペアメントによる経験を私的な領域に押し込めて、公的で政治的な分析に統合することに失敗してきたということである。[*6]

モリスやクロウの批判は、オリバーの社会モデルが社会の側の変革を強調するあまり、インペアメントや障害者個人の経験を軽視している、というものです。つまり、「障害者」であり「女性」であるという状況に立つ人にとっては、むしろ個人的経験やインペアメントが重要な問題として捉えられるべきであり、それを抜きにして社会の変革のみが主張されたとしても解決には結びつかない、ということが指摘されています。[*7]

ただしそのような批判は、オリバーによる社会モデルの考え方そのものを否定したり、医学モデル的な思想への回帰を目指したりするものではなく、どちらかといえば当初の社会モデルに欠落していた視点を補うものであると理解することができます。また、社会モデルへの批判は、そもそもインペアメントとディスアビリティを二元化し、固定的なものとみなしてしまう、ということへも向けられてきました。とくに社会モデルがディスアビリティについては社会的で変革可能なものであるとする一方で、インペアメントについては生物学的で自明なものであると捉えているのではないかという主張[*8]は、その二元化に疑義を呈する視点です。

しばしば指摘されることですが、これはフェミニズムにおける「セックス」と「ジェンダー」の二元論をめぐる議論と共通点をもっています。[*9]というのも、哲学者でフェミニズム理論家のジュディス・バトラーがかつて指摘したとおり、セックスとジェンダーの二元論には、後者の区分を社会的・文化的に構築されたものであると強調するあまり、暗に前者の区分を生物学的な本質としてみなしてしまう、という構造的な問題があるからです。[*10]そのような議論をふまえたうえで、セックスや身体が社会的・文化的に構築されるものであるのと同様に、インペアメントやそれをめぐる身体もまた様々な文脈のなかで構築され意味づけられるものであると理解することが必要です。

社会モデルの社会性を問う

このような経緯を辿ってみると、障害は社会の側にある、という捉え方は極めて意義深い障害観であり、「医学モデルから社会モデルへの転換」をもって、社会における障害観はよい進展を遂げたという感想を抱かせるかもしれません。じっさいに近年、障害学という学問分野の外においても社会モデルの重要性がしばしば参照され、ときにそれは「多様性」といったトレンドワードと相性のよいものと受けとめられているようです。しかし「そうした文脈で提示される社会モデルへの賞賛が、いったいどのような社会モデル理解にもとづくものであるのか」については注意深い検討が求められます。ここで、障害学研究者である飯野由里子・星加良司・西倉実季らが提起している、「社会モデルの社会性がどこにあるのか」を問う視座は注目に値します。[*11] そこでは社会モデルが以下の三つの位相において「社会的」である必要性が指摘されています。

① 発生のメカニズムの社会性（障害はどのようにして生じているか）
② 解消手段の社会性（それを解消するために何ができるか）
③ 解消責任の社会帰属（解消の責任を負う主体は誰か）

注意しなければならないのは、近年流布している社会モデル理解が上記の三つの位相のうち②と③の社会性のみを強調し、とりわけ①の社会性を無視したものになっている、という点です。たとえば、「障害者の困難は個人の問題だが、社会の側で解消できるのだから、社会が対処すべきだ」という考え方や、「障害者の困難は個人の問題であり、個人の側で解消できるが、社会が対処すべきだ」という考え方などがそれにあたります。[*12] 発生のメカニズムにおける社会性が軽視されることによって医学モデル的な障害理解が温存され、障害者が偏見にさらされたり、困難解消の実践が「善意」や「恩恵」の色彩を帯びることによって社会の責任が空洞化されたりする、との懸念が生じます。[*13] これらの指摘をふまえれば、社会的な観点から障害が議論される際にも、その社会性の所在を不問のままにしないことが重要だといえます。

障害者観の変化

さてここまで、そもそも障害とは何か、障害をどう定義するのか、という問題について確認してきました。それにともなってもう一つ把握しておくべき事柄があるとすれば、社会における障害観の変化が人々の障害者観（障害者に対する社会的なまなざし）とも連なるということです。障害者観は時代のなかで段階的に変化してきたと考えることができますが、それは人々が障害者を理解可能な存在として位置づけるための枠組みとして機能してきたといえます。たとえば、児童文学研究者の長谷川潮は、障害者施策に関する政府の報告書である『障害者白書』が想定する障害者観の変化を参照しながら、社会における障害者観が「差別」から「同情」へ、「同情」から「共生」へと以下の三段階で変化してきたことを指摘しています。

① 無知と無関心による偏見と差別の障害者観
② 「かわいそう」「気の毒」という憐れみ、同情の障害者観
③ 障害者は障害のない人と同じ欲求・権利を持つ人間であり、社会の中で共に生きていく仲間であるという「共生」の障害者観[*14]

長谷川の議論は、『障害者白書』という日本社会の文脈を前提として、ごく簡潔な見取り図を示すものです。しかし、日本の障害観が欧米のそれに追随するものであることをふまえれば、上記の区分は障害観の変化全体にも呼応したものだと考えることができます。

通時的な流れのなかで三つの段階の境界線を明確に示すことはできませんが、まず「差別の障害者観」から「同情の障害者観」への転換については、障害者が福祉的制度や教育・医療の現場で「保護されるべき存在」と位置づけられるようになったことが一つの要因といえるでしょう。

それは障害観の変化に重ね合わせれば、障害概念が登場し、「逸脱的差異」や「異常」としてしか認識されえなかったものが「障害」という枠組みによって意味づけられるようになったこととも一致します。とくに「同情の障害者観」が医学モデル的な障害の捉え方と極めて親和的なものであることには留意が必要です。医療という文脈においてつねに障害者が「治療を施される存在」「庇護される存在」として位置づけられてきたことは、医学モデルの発想がインペアメントとしての障害を「欠陥」「欠損」として強調することで、障害者を「弱者」という立場に囲い込んできたということでもあります。

あからさまな差別や偏見が非難される社会において、「弱者」としての障害者は人々に「憐れみ」を抱かせることになりますが、そこに「恐れ」が生じない理由の一つには、「障害者」というカテゴリーが彼らを人々にとって理解可能な存在とさせていることが大きく影響しています。

障害者にかぎらず、ある人々をある特定のカテゴリーに結びつけるという行為は、利便性が高いゆえに多くの問題を含んでいます。社会学者のハーヴィー・サックスは「成員カテゴリー化装置」の概念によって、カテゴリーが人を特徴づけたり、人が周りからどうみられるのかということを決定づけたりするために用いられていることを指摘しました。[*15] 日々、私たちは「性別」や「年齢」や「国籍」といった様々なカテゴリーを使いながら、ある人をあるカテゴリーの成員として枠づけるという行為を実践しています。とくにサックスの議論をつうじてみえてくることは、それらのカテゴリーが多くの場合、カテゴリー化される人自身によって選択されたり所有されたりするわけではなく、他者によって付与されたり管理されたりするものだという点です。[*16] このような視点は、「障害者」というカテゴリーについても共通の問題を提起するはずです。

オリバーは、医学モデルと社会モデルの差異を念頭に置いたうえで、障害者をいかに定義するかということが、障害者が置かれる状況にまで影響を与えることを指摘しています。

障害の場合も、それが悲劇とされるなら、障害者は悲惨な事故や環境の犠牲者であるかのように扱われるだろう。こうした取扱いは、日常的な相互作用のなかだけに起こるのではなく、悲劇の犠牲者たちにその埋め合わせをしようとする社会政策にも反映される。

それに代えて、障害者は社会的な抑圧を受けていると定義されるなら、論理的帰結として、障害者は境遇がうみだす個々の犠牲者というよりは、社会的な配慮を受けずに無視されてきた集団的な犠牲者として見なされうるだろう。[*17]

障害者観の背後には、二つの水準においてある種の圧力が介在していることがみえてきます。すなわち一つには、そもそも彼らに「障害者」というカテゴリーが付与されることによって、もう一つには、そのカテゴリーに特定の価値観やイメージが結びつけられることによって、障害者は一方的なまなざしのなかに置かれるというわけです。

「共生」が指すもの

ここでいまいちど、長谷川による障害者観の区分に立ち戻るのであれば、上記に示される「同情の障害者観」にともなう問題点が、じつは「共生の障害者観」の段階に至っても残存している、ということに目を向けなければなりません。

> 大きな流れとしてこういう展開があることは確かだろうし、それは基本的には肯定すべきものである。（中略）ただし、現在においても、①［差別の障害者観］や②［同情の障害者観］の障害者観がまったくなくなっているわけではない。比率はともかく、これらの障害者観も混在しているのである。
>
> しかし共生の障害者観が普遍的になったとしても、それで障害者の問題がなくなるわけで

はない。実は共生の障害者観も、微妙な思想的問題を抱えている。すなわち、共生の障害者観は、障害者が自分の条件の中で精一杯生きることを肯定しようとするあまり、ときとして、障害自体に何か価値があるかのような観念を導き出すことがある。[*18]

この記述からは、「共生の障害者観」なるものが非常に巧妙な構造をもっている点を読みとることができます。そもそもそれが障害者観であるかぎり、「共生の障害者観」は他者が障害者をいかにまなざし、いかに意味づけるかという次元に置かれた問題であることに違いありません。それにもかかわらず、「共生の障害者観」にはそれがあたかも障害者自身によって実践されてきた自己呈示であるかのような感覚が包摂されています。「共生の障害者観」は一見すれば社会モデル的な障害観と対応するようにも思われますが、社会モデルの社会性が問題とされていたのと同じように、構造的な問題を抱えているともいえます。

加えて、ここで重要になるのが「共生」という概念が何を意味しているのかということです。現代社会では「共生」という言葉があらゆる文脈で用いられています。「障害者共生」「多文化共生」「自然との共生」など、「共生」というフレーズは親和的でポジティヴな指向性をもつものとして、肯定的に受けとられています。しかし、このような共生言説がいったい誰の立場からどのような意図をもって発せられているのか、という点には注意が必要です。

とくに昨今流通している共生言説が、行政や福祉制度と結びつきながら発展してきたことを看過するわけにはいきません。たとえば内閣府が提示する「障害者施策」には、障害者基本法[*19]を土台に、「障害の有無にかかわらず、国民誰もが互いに人格と個性を尊重し支え合って共生する社会を目指し、障害者の自立と社会参加の支援等を推進します」という文言が記載されています。[*20]この記述は、寛容な社会のありようを示しているようにもみえますが、その「共生」は「自立」と表裏一体のものとして語られています。じつのところ、この「自立」なるものは非常に曖昧であり、障害者が隔離的状況から社会に出て自立生活を送るということを指すほかにも、経済的自立という側面が含まれていることはたしかです。障害学研究者の堀正嗣が指摘するように、それは近年の福祉制度が新自由主義[*21]を補完するものとして機能していることをあらわしています。

現代日本の障害者を取り巻く状況は、このような新自由主義的な政策と社会の変化に規定されている。たとえば障害者自立支援法における「疑似市場」の導入や「保護から自立」への動きは、反福祉国家を体現したものである。また能力主義・競争主義教育の加速と特別支援教育の導入は、市場原理主義・企業中心主義・反福祉国家を教育に適用したものである。

現代の障害者福祉・教育においては「自立」がキーワードとなっている。たとえば障害者福祉は支援費制度から自立支援法に変わり、自立支援給付・自立支援医療・自立支援協議会などの言葉に象徴的なように、自立支援がその中心に置かれた。（中略）

ここで採用されているのは、小泉内閣以来歴代政府が採用してきた新自由主義的な経済政策・社会政策にもとづく自立観である。[*22]

こうした能力主義にもとづく発想は、障害者の「社会参加」をめぐる言説においても、根深く関与しています。障害者が「社会参加」を目指す際にも、そこで想定される「機会平等」が能力主義にもとづくものであったならばどうでしょうか。「機会平等思想は自由競争原理に基づく社会において参加する機会を公平、平等に保障するものであり、競争の結果生じる不平等の改善については直接的に効果を発揮しうるものではない[*23]」ことを鑑みれば、参加の「機会平等」ではなく「結果平等」をいかに考慮していくかという問題が生じます。また、社会が障害者に期待する「能力発揮」や「社会的有用性」についても、そこで「能力」や「有用性」とみなされるものは「基本的にはその社会のメインストリームにおいて「望ましい」とされている資質であったり、メインストリームのあり方と適合的な資質であったりする[*24]」ことがみえてきます。

このような自立観が、本来は正反対の性質をもつようにみえる共生概念とともに語られる状況には疑問が生じます。そこからみえてくるのは、「共生」というフレーズがときに都合よく解釈される余地をもち、「差別が解体されても、支配的な文化への同質化と吸収が進行するならば、それは再差別化ではあっても共生とは言えない」[*25]といった構造的問題を含む可能性があるということです。ようするに「共生」という言葉は、一方では、差異をありのままに受け入れようという異化的（非同化的）な指向性を示唆し、他方では、差異を抑圧することによって社会の同一性を維持しようとする同化的な指向性を示唆する、ともいえます。社会学者の石川准は、障害者と社会の関係を考えるにあたって、同化と異化をめぐる四つのパターンを提示しています。

A　「同化＆統合」（障害者が同化的であれば、社会の側は障害者を統合する）
B　「異化＆統合」（障害者が異化的であっても、社会の側は障害者を統合する）
C　「異化＆排除」（障害者が異化的であれば、社会の側は障害者を排除する）
D　「同化＆排除」（障害者が同化的であっても、社会の側は障害者を排除する）

上記のパターンをふまえたうえで、石川は「社会が押しつける図式に従順に従ってどちらかを選ぶというのではない道、C「異化&排除」にあまんじずに、またA「同化&統合」を望むのでもない道、D「同化&排除」からB「異化&統合」をめざし続ける道、どちらかに生き方を純化しないという戦略を考える必要に帰着する」と指摘しています。[*26] しかし、現代社会で語られる「共生」は、しばしば異化的な身振りをとった同化として現れることがあります。こうして考えてみると、「差別」から「同情」へ、「同情」から「共生」へ、という障害者観の変化にも、様々な社会の力学が作用していることが理解できるでしょう。

本章では、そもそも障害とは何か、障害をどう定義するのか、という問題について、社会モデルの考え方を中心に論じてきました。またそうした障害観のもとで、障害者に対する人々のまなざしが変化してきたことを確認してきました。いずれにしても、社会において障害を位置づける行為が、「共生」「自立」「能力」といった様々な社会的意図を帯びたものであることに留意することが重要です。そして、社会構造のもとで障害をまなざし、意味づけようとする力は、本書の本題となる映画表象の次元においても無関係ではありません。

*1　マーゴ・デメッロ『ボディ・スタディーズ――性、人種、階級、エイジング、健康／病の身体学への招待』田

中洋美監訳、兼子歩・齋藤圭介・竹崎一真・平野邦輔訳、晃洋書房、二〇一七年、二〇－二一頁。

＊2　World Health Organization, *International Classification of Impairments, Disabilities, and Handicaps* (1980).

＊3　Union of the Physically Impaired Against Segregation, *Fundamental Principles of Disability* (UPIAS, 1976), pp. 3–4. こうした批判を受け、その後、ＷＨＯの「国際機能分類」も社会モデル的な発想を組み込む方向性へと改訂されていきます。

＊4　マイケル・オリバー『障害の政治――イギリス障害学の原点』三島亜紀子・山岸倫子・山森亮・横須賀俊司訳、明石書店、二〇〇六年。

＊5　マイケル・オリバー、ボブ・サーペイ『障害学にもとづくソーシャルワーク――障害の社会モデル』野中猛監訳、河口尚子訳、金剛出版、二〇一〇年、四五頁。

＊6　Liz Crow, "Including All our Lives: Renewing the Social Model of Disability," ed., Jenny Morris, *Encounters with Strangers: Feminism and Disability* (Women's Press, 1996), p. 66.

＊7　Jenny Morris, *Pride Against Prejudice: Transforming Attitudes to Disability* (London: Women's Press, 1991). Crow, "Including All our Lives."

＊8　Tom Shakespeare & Nicholas Watson, "Defending the Social Model," *Disability & Society*, vol.12, no.2 (1997), pp. 293–300.

＊9　後藤吉彦『身体の社会学のブレークスルー――差異の政治から普遍性の政治へ』生活書院、二〇〇七年。菊池夏野「障害学とジェンダー論と」川越敏司・川島聡・星加良司編著『障害学のリハビリテーション――障害の社会モデルその射程と限界』生活書院、二〇一三年、四一－五一頁。

＊10　ジュディス・バトラー『ジェンダートラブル――フェミニズムとアイデンティティの攪乱』竹村和子訳、青土

社、一九九九年。

＊11　飯野由里子・星加良司・西倉実季『「社会」を扱う新たなモード――「障害の社会モデル」の使い方』生活書院、二〇二二年。

＊12　星加良司「序章「社会」の語り口を再考する」飯野・星加・西倉『「社会」を扱う新たなモード』一八－一九頁。

＊13　前掲、二一－二二頁。

＊14　長谷川潮『児童文学のなかの障害者』ぶどう社、二〇〇五年、一八頁。

＊15　ハーヴィー・サックス「ホットロッダー――革命的カテゴリー」山田富秋・好井裕明・山崎敬一編訳『エスノメソドロジー――社会学的思考の解体』せりか書房、一九八七年、一九－三七頁。ハーヴィー・サックス「会話データの利用法――会話分析事始め」北澤裕・西阪仰訳、ジョージ・サーサス、ハロルド・ガーフィンケル、ハーヴィー・サックス、エマニュエル・シェグロフ『日常性の解剖学――知と会話』マルジュ社、一九八九年、九三－一七三頁。

＊16　一例として、サックスは「ホットロッダー」(ホットロッドと呼ばれる改造車によってドラッグレースをおこなう若者)と「ティーンエイジャー」(支配的な文化に従順で善良な若者)の違いに言及しています。これらのカテゴリーはどちらも若者に対して使用されるカテゴリーですが、「ティーンエイジャー」が大人(カテゴリー化されるメンバー以外の人々)によって所有されたカテゴリーであるのに対して、「ホットロッダー」は彼ら自身(カテゴリー化されるメンバー)によって所有されたカテゴリーであるといいます。その意味で、「ホットロッダー」というカテゴリーは支配的な文化に対する「革命」を企図するものになりうるとされます。サックス「ホットロッダー」。サックス「会話データの利用法」。

＊17　オリバー『障害の政治』二一頁。

＊18　長谷川『児童文学のなかの障害者』一八頁、［　］は筆者による。
＊19　内閣府「障害者基本法」http://www8.cao.go.jp/shougai/suishin/kihonhou/s45-84.html（二〇二四年一〇月一六日閲覧）
＊20　内閣府「障害者施策」http://www8.cao.go.jp/shougai/（二〇二四年一〇月一六日閲覧）
＊21　新自由主義では国家による市場介入を最小化し、経済活動における自由競争を重んじることから、それはしばしば自己責任論とも相性のよいものと理解できます。下記書籍の引用にも示されるように、新自由主義的な前提は、福祉の側面においても自己責任論にもとづく自立観をもたらすと考えられます。
＊22　堀正嗣「共生の障害学の地平」堀正嗣編著『共生の障害学——排除と隔離を超えて』明石書店、二〇一二年、二六八頁。
＊23　定藤丈弘「序章　障害者福祉の基本的思想」定藤丈弘・佐藤久夫・北野誠一編『現代の障害者福祉』有斐閣、一九九六年、二一頁。
＊24　飯野由里子・星加良司「第2章　「心のバリアフリー」は毒か薬か」飯野由・星加・西倉『「社会」を扱う新たなモード』九三頁。
＊25　栗原彬「共生ということ」栗原彬編『講座　差別の社会学——第4巻　共生の方へ』弘文堂、一九九七年、一四頁。
＊26　石川准「第1章　ディスアビリティの削減、インペアメントの変換」石川准・倉本智明編著『障害学の主張』明石書店、二〇〇二年、三九頁。

第2章
映画における障害者イメージの変遷
「モンスター化された障害者」から「非力化／有能力化された障害者」へ

映画のなかで障害者を描きだすということは、いったい何を意味しているのでしょうか。まず浮上してくるのは、映画に描かれた障害者の姿が現実社会のそれとどれほどの相関をもっているのか、すなわち、表象と社会の関連性をめぐる問題です。映画表象は（たとえそれがドキュメンタリーと呼ばれるようなジャンルであるにせよ）、かならずしも現実の忠実な反映といえないことはたしかです。というのも、映画作品には製作者の意図やカメラのフレーミング、映像編集など、様々な手が介入しうるからです。しかし他方で、映画表象が現実とつながりをもつという観点も捨て去ることはできません。なぜなら、映画に描かれる内容物も、また、映画をつくる製作者やそれを鑑賞して意味づける観客も、社会（あるいは何らかの社会的意図）と切り離された存在ではありえないからです。

障害者イメージのパターン

障害というテーマを考える際にも、社会における障害や障害者の捉え方は表象の次元とゆるやかな結びつきをもつ、という仮説を立ててみることができます。前章で確認したことに立ち返れば、「障害を個人の問題として描くのか」（医学モデル的な障害観）、「社会の問題として描くのか」（社会モデル的な障害観）といった観点から映画を読み解くこともできるでしょうし、「障害者を差別的に描くのか」（差別の障害者観）、「同情的に描くのか」（同情の障害者観）、はたまた「共生的に描くのか」（共生的な障害者観）といった視点から物語を分析することもできるでしょう。

本章の目的は、障害者表象と社会における障害観のあいだにゆるやかな反映を見い出すことにありますが、あらかじめ断っておくと、それはかならずしも障害モデルの転換（医学モデル的から社会モデル的への移行）を忠実になぞるものではありません。他方、多くの作品のなかで障害が個人的なインペアメントとして描写されている点を確認することも、本章のねらいの一つです。ここではまず、「スクリーンのなかの障害」を通時的に追うために、映画に描かれる障害者イメージのパターンを示す大きな枠組みを設けておきたいと思います。

①　モンスター化された障害者
②　非力化された障害者（⇔「脱モンスター化された障害者」）
③　有能力化された障害者（⇔「脱非力化された障害者」）

このように記すとあまりに単純ですが、①から③は明確な時期をもって転換するとはいえず、また、一つの作品のなかに複数の障害者イメージを含むことも多々あります。そのため、これらは作品を振り分けるための時代区分とはかならずしもいえませんが、ゆるやかな変遷を見い出すための一つの視座にはなるはずです。

さらに注意しておきたいのは、これらは映画のなかの障害者がどのような位置づけを課されているのか（「対象の描写」）を指すものであって、厳密にいえば、それが作品のなかでなぜそのように描かれているのか（「描写の意図」）ということとは、また別の問題です。たとえば、ある作品では「モンスター化された障害者」の描写によって「障害者への恐怖や敵意」をあらわそうとしているのかもしれませんが、別の作品では「モンスター化された障害者」の描写をもって「（そのようになざされた）障害者への同情や悲哀」をあらわそうとしている（異化的な視点から「モンスター化された障害者」を描く）のかもしれない、というわけです。この「描写の意図」を考える際に、前章で確認してきた「医学モデル的な障害観」「社会モデル的な障害観」という枠組みを導入してみることは、有効であるはずです。そこで本章では「対象の描写」に加えて、「描写の意図」のパターンにも目を配りながら、映画に描かれる障害者イメージの変遷を検討していきたいと思います。

モンスター化された障害者

映画の誕生は一八九〇年代までさかのぼることができますが、一九〇〇年代初頭にはすでにスクリーンのなかに障害者が登場していたといいます。[*1] ただしより厳密にいえば、それは現在であれば「障害者」と認識されるであろう人々が登場していた、ということを意味します。つまり、それらの映画が製作された時代には福祉概念はおろか、いまのような「障害」という概念自体が存在していなかったため、そこに登場する障害者はかならずしも「障害者」として描かれていたとはいえないわけです。そう考えると、障害者表象とは（あるいはあらゆる表象とは）、「何が描かれているか」ということよりも「何が描かれているようにみえるか」ということにかかわる問題であるのかもしれません。

近年の映画作品において障害者キャラクターは「純粋」で「いい人」として描かれる割合のほうが多いといえますが、かつては「得体の知れない不気味な他者」として描かれる時代が存在しました。そうした映画の物語のなかで、障害者たちは周囲の人々から「怪物」「化け物」「魔物」「奇人」「気味の悪いもの」「醜いもの」などと呼ばれ、忌み嫌われる者としての位置づけを課されています。すなわち、それを「モンスター化された障害者」[*2]として理解してみることができるでしょう。

「モンスター化された障害者」の表象として、現在でも度々言及される作品の一つに『フリークス（怪物團）』（一九三二、トッド・ブラウニング）があります。一九三二年に公開された『フリークス』

『フリークス』ポスター

は、『魔人ドラキュラ』(一九三一、トッド・ブラウニング)や『フランケンシュタイン』(一九三一、ジェームズ・ホエール)などと並んで恐怖映画の系譜に位置づけられます。監督のトッド・ブラウニングは障害者(当時であれば不具者やフリークスと認識されていた人々)を扱った映画をほかにも製作していますが、とりわけサーカスの見世物を舞台にした『フリークス』はそのタイトルのとおり、じっさいのフリークショー(主に奇形の身体を展示するショー)に出演していたフリークスによって彩られた作品でした。

映画には、小人や小頭症者、シャム双生児、両性具有者、四肢欠損者など様々なフリークス(現在であれば障害者と呼ばれる人々)が出演し、物語中には（あるいは物語外部の観客に対する提示としても）彼らの身体の異質性を強調するような場面が頻出します。当作品にはラブロマンスや友情といった要素も皆無ではありませんが、その中核的要素は復讐劇にあるといってよいでしょう。

サーカスのマドンナであるクレオパトラ（「健常者」であり、ほかのフリークスとは一線を画す存在）は、同じくサーカスの団員である小人のハンスを誘惑し、結婚するように差し向けます。しかしクレオパトラの目的はハンスの財産であり、じっさいにはハンスを毒殺しようと画策していたのでした。それを目撃したフリークスの団員たちは一丸となってクレオパトラと共謀者のヘラクレスに復讐を実行します。激しい雨の夜、フリークスに襲われて両足や舌を失ったクレオパトラは、最終的に「アヒル女」として見世物にされてしまいます。終盤の襲撃シーンはまさにフリークスへの恐怖を掻き立て、そのモンスター性を強調させます。しかし、この映画にとって重要なシーンはその少し前に置かれた、クレオパトラとハンスの結婚披露宴での出来事です。披露宴に出席したフリークスたちはクレオパトラを仲間として受け入れようとしますが、酒に酔ったクレオパトラは彼らの好意に対して「怪物！　化け物ども！」という暴言を浴びせます。このクレオパトラの行為がフリークスたちをモンスター化させる決定的な契機となることは明らかです。*3

見世物から映画へ

いまだ障害者福祉など存在しなかった当時ですら、『フリークス』は衝撃的な映画として受けとられ、公開後すぐに上映禁止となるなど、タブー視される内容・描写を含んでいました。当時の検閲状況からしても、当作品は恐怖を与えるものとして人々に受けとめられたことが理解できます。

ここで障害という要素が恐怖映画の系譜に参入するに至った経緯を考えるにあたって、見世物文化の隆盛と終焉を辿っておくことは重要です。異形な身体への人々の興味をさかのぼれば、それは見世物小屋が隆盛を誇る一九世紀以前から存在していたと考えることができますが、さらに古くはヨーロッパにおいて一三世紀に盛んであった宮廷道化師の存在にその片鱗を認めることもできるでしょう。

宮廷道化師とは王を楽しませるために宮廷に使える道化師のことですが、彼らには「身体の奇形と醜さ」や「精神薄弱」といった条件が付されていたといいます。[*4] しかもそうした異質性が生まれつきのものであるほど価値が高いとされていたことは、[*5] フリークスに対して長きに渡り付与されてきた神秘的価値とも合致します。

他方で、異形な身体は宮廷だけに閉じ込められてきたわけではありません。その活躍の場はサーカスや見世物小屋でのショーへと移行していきます。とりわけ注目されるのは、興行師フィニアス・テイラー・バーナムが一八四一年にニューヨークに創設した「アメリカ博物館」であり、フリークスの「展示」に世間的な関心を集める一つの契機になったとされます。同様の展開は欧米の各地にみられますが、文化人類学者のジャン＝ジャック・クルティーヌによれば、見世物とされる異形な身体には「怪物性」が付与され、それは「不安な娯楽であり逆説的な見世物」[*6]として機能していたといいます。

サン＝マルタン大通りの「胴体芸人」の見世物を見物する者は、コベルコフの脚も腕もない身体を前にし、かくして自己の身体の内奥で、逆転した幻影肢の経験のごときものへと導かれる。つまり自分自身の身体のイメージのなかに不在の手足の存在を感じることではなく、存在する手足の不在を感じることである。（中略）見世物小屋の観客は、怪物を前にして自分の身体の一部を失い、ついで取り戻す。去勢のこの滑稽物的上演は、哄笑による安堵においてしか成就しえないことがわかる。[*7]

見世物への視線は、いわば異常性を介した正常性への確認作業として機能していたわけですが、そうした見世物文化は一九三〇年代には衰退し、一九四〇年代には消滅に向かいます。この衰退は、「怪物性が人間的なものとして知覚された瞬間、つまり見世物小屋の観客が、展示された身体の奇形の下に同胞を見出しえた瞬間」[*8]に生じた問題意識に起因するといえます。ただし、それよりずっとまえの一八九八年には、すでにサーカス巡業団のフリークスらが不名誉な扱いに対して抗議集会を開いたことが記録されているわけですから[*9]、見世物文化は視線を投げられる人々の立場や意見を不問にしたまま、あくまで、まなざす側の意識に支えられたものとして存続してきたと考えることができます。その後、見世物への視線はいくつかの異なる方向へと回収されていくことになりますが、ここではとりわけ、本書にかかわる二つの方向について確認しておきます。

まず一つは、医療における治療すべき身体に対する視線への回収です。これは医学が障害者を保護下に置く、といった医学モデル的発想へとやがては結びつくものですが、「医学的視線が、異常な身体の展示を独占的に支配する」[*10]といった側面を考慮すれば、それは視線からの「解放」ではなく、やはり別の視線への「回収」と理解するほうが適切です。

他方で、異形な身体は大衆の目から完全に隠されたわけではありません。そこで登場するもう一つの方向が、映画のスクリーンに表象されるスペクタクルな身体に対する視線への回収です。これはそもそも映画が「身体をつうじた表象」という一特性をもつ以上、当然のことにも思えます。

映画の特性は、身体を記録し、身体によって物語を語ることである。だが、結局はそのせいで、身体はモンスターのように病むこともあれば、限りなく愛想のよい魅力をたたえることもある。（中略）観客たちは、考えうるかぎりのあらゆる身体を見たがっている。それは奇妙だったり、怖ろしかったり、感動的だったり、素晴らしかったり、倒錯していたり、享楽的だったりする身体である。これは直接的かつ強制的な関係である。映画に曝された身体は、スペクタクルにおける信仰の最初の痕跡であり、したがって、スペクタクル的なものが特権的にリビドーの備給を受ける場なのである。[*11]

こうして異形な身体への関心はスクリーンに移行するわけですが、[*12]「モンスター化された障害者」を表象する作品は、『フリークス』だけではありません。たとえば『ノートルダムのせむし男』（一九二三、ウォーレス・ワースリー）[*13]に登場するカジモドもその一例にあげることができます。ノートルダム寺院の鐘楼守であるカジモドはろう唖者のせむし男として、その見た目から人々に「醜い男」と呼ばれています。カジモドはある差し金によりジプシーの踊り子エズメラルドを襲うことになり、その罪で刑に処されます。

『ノートルダムのせむし男』　写真提供：GRANGER - Historical Picture Archive / Alamy Stock Photo

映画で強調されるのは何よりもまずカジモドの醜さであり、エズメラルドとのあいだに美醜の構図が設定されていることは明らかです。鞭打ちにされるカジモドに見物人たちが歓喜する様子は、物語世界の人々がカジモドをモンスターとみなしていることを示唆しています。しかし、エズメラルドは鞭打ちされたカジモドに慈悲の心をかけ、カジモドもそれに恩を抱くようになります。この展開はモンスターに人間の心を抱かせるきっかけとして機能するようにもみえますが、物語の終盤、カジモドが数千の群衆を相手に怪力で応戦するシーンでは、依然として（とりわけ物語世界の人々にとっては）モンスターとしての位置づけが保持され続けています。

また、あまり言及されることはありませんが、当作品ではカジモドのほかにも障害者の（厳密にいえば障害者を装う）「浮浪者」（盗賊）たちが登場します。彼らが暮らす場所は、「目の不自由な人は物が見え、足の不自由な人は歩き出す」ことから「奇跡の街」と呼ばれていますが、つまりそれは彼らが物乞いのために外の世界で盲や四肢障害などの障害を装っていることを意味します。かつての映画作品では、ときに障害が悪役のキャラクターを強調する記号として用いられていたといいますが、[*14]この描写はまさにその一例といえるでしょう。

戦争とサリドマイド

さて、『フリークス』における「モンスター化された障害者」のルーツは見世物小屋文化にありましたが、この時代の恐怖映画に描かれる障害者が見世物とは別のもう一つの要素と接続されていること、すなわち戦争による負傷兵のメタファーとなっていた点を看過することはできません。

一九二〇年代から一九三〇年代の恐怖映画に登場する障害者（あるいはそこから飛躍的に描かれたモンスターたち）が、第一次世界大戦によって負傷した傷痍軍人とも重なることはすでに多くの研究で指摘されていますが[15]、人々は社会に溢れる障害への凝視をためらいつつ、その代わりに「スクリーンのなかの障害」を凝視することを許されたとも考えられます。そうしたメタファーは、『ノートルダムのせむし男』のカジモドにかぎらず、『天罰』（一九二〇、ウォーレス・ワースリー）において足を切断されたブリザードや、『オペラ座の怪人』（一九二五、ルパート・ジュリアン）において顔の異形を仮面で隠す怪人エリックにもみてとることができます[16]。上記の点をふまえれば、「モンスター化された障害者」の描写には、社会的な背景のもとで生み出された障害に対するまなざしが関与しているわけですが、人々はスクリーン上の表象を観るという行為によって、その発露を見い出していたのかもしれません。

ここで「モンスター化された障害者」に対する視線を辿るために、いまいちど『フリークス』に視点を戻します。じつは当作品には、公開から約三〇年も下った一九六〇年代に映画界で再び評価を集めた、という経緯があります。公開当初の『フリークス』への評価は概ね否定的なものであったのに対して、一九六〇年代の再評価は一転して肯定的なものへと修正されたといいます[17]。怪奇映画研究家のデイヴィッド・J・スカルは、その背景に一九六〇年代のサリドマイド薬害事件[18]による障害児の誕生との関連を指摘します。

一九六〇年代の初頭から映画界においては『フリークス』の再発見・再認識が一つの流行にまでなった。かつては下品で悪趣味と思われていた作品が今や「思いやりにあふれ」、「感受性豊か」と賞賛された。ある意味で『フリークス』を評価するということは、サリドマイド禍の奇形に対する後ろ暗い好奇心を満たしながら、それでも正義と進歩主義の側に身を置くことのできる、いわばポリティカリー・コレクトなあり方に通じていたとも言えよう。*19

ここには、人々が異形な身体に関心を抱きつつ、表向きにはそれを隠蔽するようになる、というアンビヴァレントなまなざしを読みとることができます。同時に、戦争による身体の負傷には、整形や修正手術といった医学的な関心もともないます。こうした状況下で、『フリークス』や『ノートルダムのせむし男』においてためらいもなく描かれていた「モンスター化された障害者」は、医療と福祉の発展をもって徐々に保護的なまなざしを介在させていくわけですが、その過渡的な作品としてあげられるのが『エレファント・マン』（一九八〇、デヴィッド・リンチ）だといえるでしょう。

『エレファント・マン』　写真協力：川喜多記念映画文化財団

脱モンスター化と保護

先に述べておくと、『エレファント・マン』の主人公メリックは、物語世界において人々から忌み嫌われる存在であり、依然としてモンスター性を付与されています。他方で、周囲の人々がメリックを徐々に受け入れていく様子は「脱モンスター化」の過程と捉えることもできます。その点で、まさに当作品は「モンスター化された障害者」から「脱モンスター化された障害者」への移行を示唆する物語であるわけですが、より重要なのは、当作品がモンスター的な「対象の描写」を残しつつ、それに対する「描写の意図」においては「医学モデル的な障害観」と、それにもとづく「保護される障害者像」を介在させているところです。

当作品の舞台は一九世紀末のロンドンで、骨格変形や腫瘍のために「エレファント・マン」と呼ばれた実在の人物メリックの人生が描かれています。興行師バイツに囚われた主人公メリックは、長いあいだ見世物にされ、人々からは「奇人」「化け物」とみられています。ある日、メリックは見世物小屋を訪れた医師トリーヴスによって病院に保護されることとなります。はじめはメリックに否定的であった病院の人々もやがて彼を受け入れ、医師の保護のもとで彼は「人間らしい」生活を送ることができるようになります。しかし結局のところ、メリックは生涯病院から出ることはなく、病院内でもほかの患者が驚かないように隔離されています。医療の領域では理解を得られたメリックですが、人々のなかには依然として彼を怪物とみなし、恐れおののく視線が残存します。

「私は人間だ、動物じゃない」というメリックのセリフが示すように、『エレファント・マン』の物語の焦点は、彼の立場が「見世物」から「患者」へ、すなわち「モンスター化された障害者」から「脱モンスター化された障害者」へと変化していくことにあります。彼が好奇の目を逃れ、人間として扱われるためには、「病院」という安全な場所と、「医師」という保護者が不可欠となります。メリックの障害が医療の領域において意味づけられ、メリックをとりまく困難な状況が（社会的障壁によってではなく）メリックの身体的なインペアメントに起因させられている点で、当作品は

「医学モデル的な障害観」にもとづくものであると考えることもできます。

しかし、現実社会における障害の医療化がそうであったように、メリックのインペアメントに対する好奇の視線は病院による保護下でも依然として維持されています。医師トリーヴスはメリックを見世物としてきた興行師バイツに抗議しますが、バイツは「あんたこそ化け物を利用して他の医師に見せびらかしている」と応戦します。後のシーンでは、病院へ身を移してもなおメリックが見世物性を付与されている点について、トリーヴス自身が「僕とバイツは似ているのかもしれない」と告白します。

また、メリックは医療と別の観点においても搾取の可能性にさらされています。というのも、女優ケンドールがメリックを慰問したことをきっかけに、人々のあいだではメリックと会うことが社交の一つとされるようになったからです。こうした状況に対して、病院の看護師長は「彼はまた見世物になっている」と指摘します。これらの描写をふまえると、『エレファント・マン』は「医学モデル的な障害観」にもとづきながら「脱モンスター化された障害者」を描くことに力点を置きつつ、「医学モデル的な障害観」に付随するかもしれない搾取的な視線には、ある程度自覚的な要素をも含んでいると考えることができます。

『エレファント・マン』がそうであるように、一九八〇年代以降の映画作品に「モンスター化された障害者」があらわされることはほとんどありません。前章の議論を想起すれば、一九八〇年代初頭は社会モデルが提起されはじめた時代でした。それにもかかわらず、(以下の分析にも示されるように)一九八〇年代以降の映画作品にも「医学モデル的な障害観」が色濃く反映された作品が目立ちます。それどころか、二〇〇〇年代以降になってもなお、「医学モデル的な障害観」にもとづく作品は散見され、障害モデルの観点からいえば、映画における障害表象は「医学モデル的な障害観」が大多数を占めるなかに「社会モデル的な障害観」が点在するようになった、という程度の印象をとどめます。

ここからいえることは、障害モデルに関する議論と障害表象のあいだにはひらきがあるということです。同時に、一般社会の人々が抱く障害認識が、かならずしも先端的な障害モデルの議論に追いついているわけではないと推察されることから、ある意味で、社会と表象の次元はゆるやかに対応しているとも受けとめることもできます。

非力化された障害者

映画が「脱モンスター化された障害者」を描くようになったころ、それと同時に顕著になってくるのが「非力化された障害者」の描写です。この「非力化」とは、映画のなかの障害者がすべてにおいて何もできないということを意味するわけではありませんが、「できない」という側面が強調されている、あるいは「できない」ことが「できるようになった」としても、それが「正常化」の過程に帰着する、といった特徴を見い出すことができるでしょう。またここでの「非力化」とは、障害者が弱い社会的立場に置かれ、つねに（ほとんどの場合は健常者の）保護や助けを必要とする存在として位置づけられていることを意味してもいます。

「非力化された障害者」を描く映画作品は複数ありますが、たとえば『秋のソナタ』（一九七八、イングマール・ベルイマン）に登場する脳性麻痺のヘレーナはその典型的な例です。当作品は主人公エーヴァと母シャロッテの親子関係をめぐる物語ですが、エーヴァの妹ヘレーナは寝たきりで話すこともままならず、「できない」存在として位置づけられています。それは著名なピアニストであり、仕事が「できる」母親とのコントラストを際立たせる存在として読むこともできます。ヘレーナは幼少期に療養所に預けられますが、大人になったいまは姉エーヴァの保護下に置かれています。母シャロッテはヘレーナを見捨てた過去が「負い目」となり、「恥をかかされる」という意識に支配されています。

こうした構図が象徴するように、しばしば「非力化された障害者」は「保護」と引き換えに、家

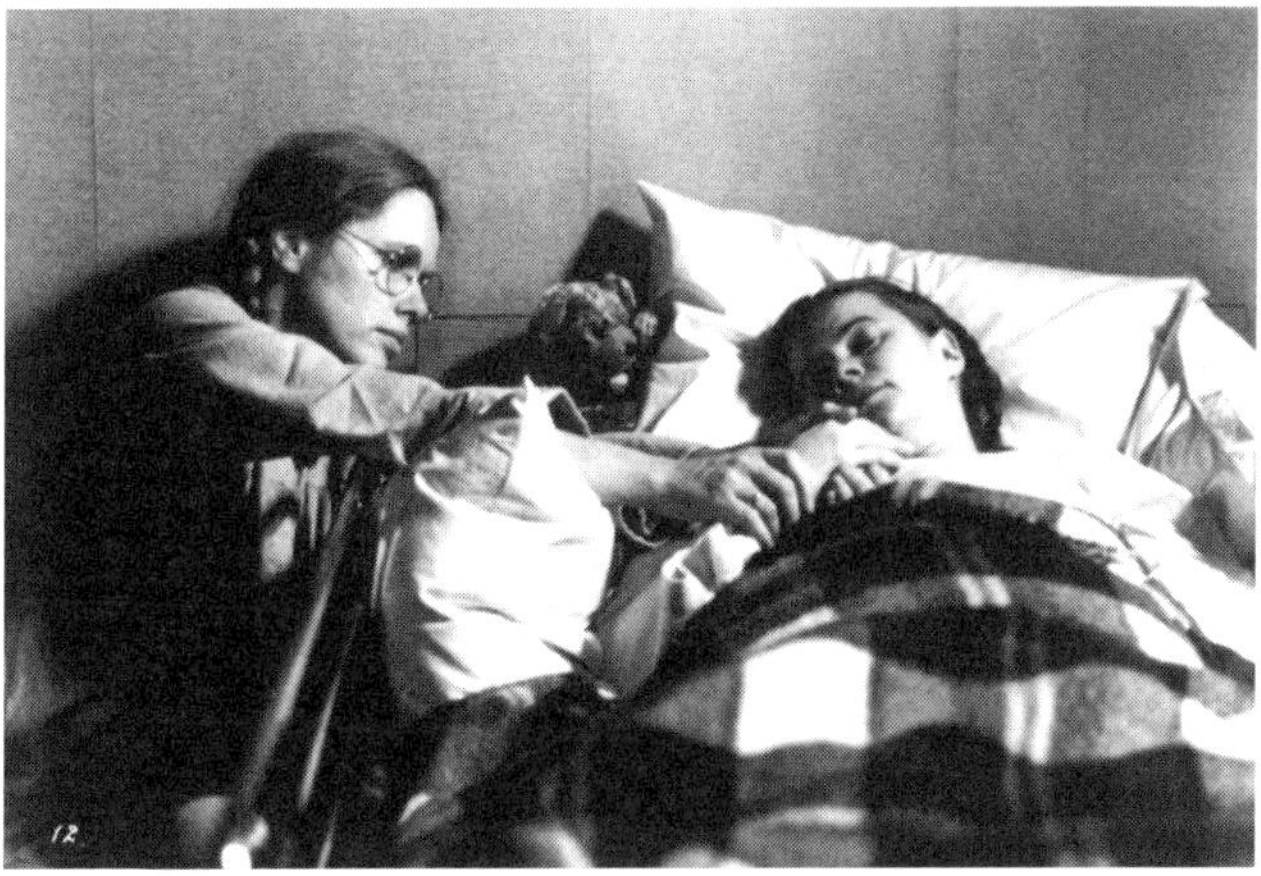

『秋のソナタ』　写真協力：川喜多記念映画文化財団

族あるいは医療福祉の及ぶ病院や施設といった閉域的な場に閉じ込められた存在であることが示されます。「非力化された障害者」は保護者となる人物とのあいだに親密な関係を築いている一方で、社会とのつながりが希薄な状況に置かれていることがうかがえます。

この構図は二〇〇〇年代以降の映画表象においても、しばしば保持されています。『ポーリーヌ』（二〇〇一、リーフェン・デブローワー）はそのわかりやすい一例といえるでしょう。知的障害の主人公ポーリーヌは六六歳ですが、身のまわりの物事を自分一人でこなすことは難しく、一緒に暮らす姉マルタが世話をしています。姉の死をきっかけに、妹ポーレットのもとに預けられることになりますが、予測のつかないポーリーヌの行動にポーレットは手を焼き

『ポーリーヌ』　写真提供：Photo 12 / Alamy Stock Photo

ます。ポーリーヌは一人で食事をしたり、買い物に行ったりすることはもちろん、姉の死を十分に理解することもできません。ポーリーヌにはできないことがたくさんありますが、それを象徴するのが「靴紐を結ぶことができない」という描写です。靴紐を結ぶという「簡単」なことですら、ポーリーヌはマルタやポーレットの手を借りなければ実行できないのです。ポーレットにとって何もできないポーリーヌは疎ましい存在ですが、ポーリーヌは姉妹に頼るしかなく、ここにポーリーヌの障害をめぐる社会性の希薄さがあらわれています。

　他方で、ポーリーヌの「できなさ」は「天真爛漫さ」と表裏一体のものとして描かれています。ポーリーヌが庭の花に水をやるというささいな日課を大切にしていることから、当作品はカラフルな花々の色彩で彩られていますが、それはポーリーヌが子どものように純粋無垢な存在であることの象徴ともいえます。物語の終盤、ポーリーヌは施設に預けられることになります。ここでポーリーヌは家族の手から医療福祉の場へと手渡されるわけですが、いずれにしてもポーリーヌが保護される存在であり続けることには変わりありません。ポーリーヌが町で暮らすには、周囲の人々の理解があまりに薄く、社会と切断された状況に置かれていることは明らかです。保護下に置かれることこそがポーリーヌの安寧につながるといった描き方は、やはり「医学モデル的な障害観」と親和的なものといえるでしょう。

興味深いことに、『ポーリーヌ』のほかにも、「靴紐を結ぶことができない」という描写によって「非力化された障害者」を描く作品が存在します。それが、『靴ひも』（二〇一八、ヤコブ・ゴールドワッサー）です。二つの作品は製作年も製作国（ベルギー・フランスとイスラエル）も異なりますが、物語には類似点を見い出すことができます。

発達障害の主人公ガディは三八歳ですが、母との死別により、約三〇年ぶりに父と暮らすことになります。おそらくガディは母の保護下に長年置かれてきたことから、新たな生活に馴染めず、父もガディの存在を受け入れがたく感じています。『ポーリーヌ』におけるポーリーヌと異なり、ガディには自分の置かれた状況を言語化する場面が認められます。自分を恥じる父に対して「出来損

『靴ひも』 ©Transfax Film Productions

ないの息子でごめんね」と吐露したり、奇異の目を向ける通りがかりの人に対して「変な人じゃない、サポートが必要なだけだ」と反論したりするシーンが印象的です。他方で、ポーリーヌと同様にガディもまた、家族と施設のあいだを渡り歩くことになります。彼自身が自覚しているとおり、ガディは日常生活におけるこだわりが強く、それを理解し、助けてくれる人がいなければ、一人で暮らすのは難しい状況です。この点で、ガディもまた（自分の意思をもちつつも、社会の構造上は）保護される対象に位置づけられているといってよいでしょう。

ここで、『靴ひも』における「靴紐を結ぶことができない」という描写は、少々複雑な意味をもっています。「一度目は、結ばなかった。二度目は、結べなかった。三度目は、……」という映画のコピーが示すように、当作品には靴紐に関するシーンが三度登場します。一度目の場面は特別支援の面接がおこなわれるシーンで、ガディは給付金を受けるために靴紐を結べない「ふり」をすることになります。二度目のシーンでは、病気になった父への臓器提供を申し出るガディに対して、靴紐を結べるかということがその申し出を許可するか否かの条件にされますが、そのときガディは本当に靴紐を結ぶことができません。この場面は、一度目にガディがおこなった「ふり」をなし崩しにする可能性をも含んでいます。

靴紐という些細なものが、ガディやポーリーヌには「できない」ことの象徴として立ちはだかるわけですが、この「靴紐を結ぶことができない」という行動は、映画の結末で「できないことができるようになる（あるいはなんとかなる）」という着地点を与えられています。

ガディの場合には、靴紐を結べるようになることによって、またポーリーヌの場合には、マジックテープ式の靴と出会うことによって、彼らはいったん「できないこと」を克服するかのようにもみえます。いずれにせよ、両作品が「心温まるストーリー」を謳っていることには、観客に保護者の視点から彼らをまなざす前提を与え、「非力化された障害者」（の成長物語）を描こうとする意図が少なからずみてとれます。

有能力化された障害者

他方で、「非力化された障害者」とは異なる障害者表象の一つに「有能力化された障害者」の描写があります。しかしこれは「非力化された障害者」に付与されたもう一つの特徴とみることもでき、後者が前者を塗り替えるものであるとは言い切れないところがあります。「有能力化された障害者」像は「非力化された障害者」の存在意義を高めるために利用される、ある種の「仕掛け」として機能する側面があるということです。先にみた『靴ひも』のような作品においても、たとえば「靴紐を結べるようになる」といった経緯に一種の「脱非力化された障害者」を読みとることはできます。しかし以下で問題にしたいのは、「できないことの克服」という意味での「有能力化」ではなく、特別な才能や特殊な立場を保持する者として障害者が描かれるようなパターンです。

ここで取り上げてみたいのは、『レインマン』(一九八八、バリー・レヴィンソン)と『フォレスト・ガンプ／一期一会』(一九九四、ロバート・ゼメキス)です。どちらも名作として知られていますが、作中に描かれる障害者には「非力化」と「有能力化」の両義性が認められます。

『レインマン』は主人公レイモンドと弟チャーリーの関係をめぐる物語ですが、病院で暮らす自閉

『レインマン』　写真協力：川喜多記念映画文化財団

症のレイモンドは「能力に欠陥がある」一方で、「知能は高い」人物であると作品内で説明されています。人物描写に矛盾があるようにも思われますが、レイモンドの場合には意思疎通や感情表現といったコミュニケーションに困難が生じている反面、高度な数学的処理や特定の記憶力では飛躍的な力を発揮する、といった特徴を指しています。レイモンドは父からの遺産を相続することになっていますが、それを聞きつけた弟のチャーリーは遺産目当てでレイモンドを病院から連れ出します。儀礼的行動を好み、融通が利かないレイモンドに対して、チャーリーは何かと手を焼きます。チャーリーが世話を焼かなければ日常生活をスムーズに送れないレイモンドには、おのずと「非力化された障害者」のイメージが付与されます。

レイモンドの障害をめぐる困難は健常者であるチャーリーとの軋轢のなかであらわになりますが、それはレイモンドの生活パターンへの無理解や、その根底にある社会の規範によって生じている可能性があります。それにもかかわらず、物語世界ではレイモンドの障害が個人の特性として把握されている面に、医学モデル的な障害観をみてとれますが、これは前章の議論に即していえば、「発生のメカニズムの社会性（障害はどのようにして生じているか）」の後景化と捉えることもできるでしょう。

他方で物語の中盤、「非力化された障害者」だったレイモンドが「有能力化された障害者」へと転換されるシーンがあります。チャーリーがレイモンドの能力に気づき、それをカジノのギャンブルに利用して一儲けしようと企てるのです。興味深いのは、レイモンドの能力が経済的価値を生み出す社会的有用性をもつことではじめて有能なものとみなされる点です。これは物語世界のなかでチャーリーにとっての価値転換として描かれていますが、物語展開としては「有能力化」による障害への価値付与として捉えることができます。

ちなみに、レイモンドの「有能力化」には外見の転換がともないます。カジノに向かうためにチャーリーはレイモンドのスーツを新調し、その見違えた姿を褒めるのですが、スーツのようなファッション的記号が表象において障害者の価値転換に利用されることは珍しくありません。ただし作品の結末で、社会的有用性とは別の側面からチャーリーはレイモンドに愛着を見い出すわけですから、この作品における描写の意図は「有能力化」の仕掛けを全面的に支持するわけではないようにもみえます。

『フォレスト・ガンプ／一期一会』にも「非力化」と「有能力化」をめぐる同様の構図をみることができます。主人公フォレストは知的障害ゆえに周囲の人々から「頭が弱い」とみなされていますが、「脚だけは早い」という強みをもっています。当作品ではフォレストの特性が有用に機能するという側面がより色濃く描かれています。幼少期に足が速いことでいじめっこから逃げることができた経験をはじめ、大学時代には俊足を買われてアメフト部に入部し全米代表に、卒業後は陸軍に入隊しベトナムに出征しますが足の速さで命拾いし、その後も卓球やエビ漁で次々と成功をおさめます。

一九五〇年代から一九八〇年代のアメリカを舞台とする当作品には、フォレストの半生をとおしてアメリカ史を辿るという側面がみられますが、その一方で、それを当時の社会が障害をどうみなしえたのかを考える資料として捉えることもできます。彼自身が「不思議なことに軍隊にぴったりはまった」「なぜか卓球と性があった」と回顧するように、その都度、フォレストはめまぐるしい運命に身をゆだねますが、そこにはいつもその環境における需要と供給の合致、すなわちフォレス

『フォレスト・ガンプ／一期一会』　写真協力：川喜多記念映画文化財団

トの運動能力や反復作業能力が有能なものとみなされるための環境との出会いが前提とされています。フォレストは「有能力化」されることによって、周囲の人々からその特性を受け入れられているともいえます。

『フォレスト・ガンプ／一期一会』が障害というテーマにおいて語られる際には、しばしばフォレストの人物像だけが注目されがちですが、当作品にはもう一人の障害者が登場します。それがフォレストの入隊するベトナム戦線の小隊を率いるダン中尉です。彼は戦争により両脚を失ったことで気力をなくし、別人のように変わり果ててしまいます。後にフォレストが再会したダンは、落ちぶれた生活に身を置いていることがわかります。

ここであらためて、一九二〇年代から一九三〇年代の恐怖映画に登場する障害者が、戦争による傷痍軍人のメタファーとされていたことが想起されます。そこでの障害者は怒りと恐れを携えた「モンスター化された障害者」として描写されていたわけですが、『フォレスト・ガンプ／一期一会』の場合にはダンの存在に再起のイメージが付与されています。ダンとフォレストは再開後、エビ漁で一緒に大儲けをすることになります。徐々に活気を取り戻すダンの姿をみて、フォレストは「神様と仲直りした」と表現しますが、このビジネスの成功はダンにとって「非力化された障害者」を脱する契機になっているわけです。

加えて、フォレストが「非力化された障害者」像を後景化させるのは、彼の突出した能力だけに起因するわけではありません。彼はいくつかの人間関係によって相手をケアする立場をとります。たとえば、ダンの再起を手助けしたり、フォレストの幼馴染である女性ジェニーの心に寄り添ったり、ジェニーとのあいだに生まれた子どもの世話をしたりするフォレストの姿は、「保護される障害者」という描写とはかならずしも一致しません。その点でも、当作品は「非力化された障害者」に終始する作品とは一線を画すといえます。

このように、障害者表象をめぐる「非力化」と「有能力化」をめぐる構図はじつに多くの映画作品にみられますが、「有能力化された障害者」像は物語世界の登場人物にとっても、また映画を観る観客にとっても、障害者が「非力」なだけではない、社会的価値を帯びた存在であることの証明として機能しているようにもみえます。とりわけ「モンスター化された障害者」のような表象に比べれば、障害者が差別されてきた過去への反省的社会意識といった意味で、「有能力化」の描写はかならずしも否定されるべきものとはいえません。しかしここで再度、前章での議論を想起してみると、「有能力化」とはあくまで新自由主義的な社会において意味をもつ「能力」や「有用性」であることを前提としており、そのかぎりにおいて障害者を受け入れるといった「共生」観とも無関係ではないはずです。こうした発想の背後に、社会のメインストリームが絶対的なものとして保持され続ける可能性が潜在していることは、既述したとおりです。

また、障害の「有能力化」は、一見すれば障害者の価値を高めるようにも思えますが、障害を能力主義に回収することで、結局は障害を障害者個人の問題に還元し続ける可能性も有しています。社会モデルの観点からみれば、（たとえ表象の次元とはいえ）その社会性を不問にしたまま、個人の努力や頑張りによってのみ障害を語ることには、やはり問題が残ります。

医学モデルへのアンチテーゼ

それでは、映画における障害者表象には社会モデル的な側面（あるいは反医学モデル的な側面）は反映されえないのかといえば、当然そうではありません。映画表象が「医学モデル的な障害観」を前提とする障害者の描写を好んできたなかで、それに疑義を呈するような映画も存在しています。

まず注目したいのは、医療化へのアンチテーゼを示すような作品です。ここでは『カッコーの巣の上で』（一九七五、ミロス・フォアマン）と『ドリーム・チーム』（一九八九、ハワード・ジーフ）を取り上げますが、この二作品は同じ局面に対して異なる描写を用いているにもかかわらず、その指向性には強烈な結びつきを感じます。製作年にはひらきがありますが、時代を経ることで医療化へのアンチテーゼがいかなる描写的差異をもつのかを読みとるためにも、あわせて考察する必要がある二作品だとえいます。

『カッコーの巣の上で』は精神病院を舞台とする作品です。主人公マクマーフィは刑務所の労働から逃れるために、精神病を装って病院に入院します。しかしそこで目にするのは、看護師長ラチェッドを中心とする厳しい管理体制でした。患者たちは管理が常態化した環境に従属していますが、そうした状況にマクマーフィは反抗し、ほかの患者たちも徐々に感化されていきます。マクマーフィは院外治療と称してワールドシリーズの観戦に行くことを提案したり、じっさいに患者たちを引き連れて釣りに出かけたり、患者たちと酒を飲んで大騒ぎをしたりしますが、結局いつも企ては失敗におわります。医療の名のもとでおこなわれる患者たちへの管理は、反抗的な態度に罰をもって

『カッコーの巣の上で』　写真協力：川喜多記念映画文化財団

応じ、彼らが自由な意思をもつことを許しません。その体制を壊そうとする者には、身体を拘束し電流を流すという、拷問のような治療が実行されているのでした。

物語の終盤、マクマーフィと患者たちは収拾がつかないほどの騒動を起こします。荒れ果てた部屋と、酒に酔い潰れた患者たちをみて、看護師長ラチェッドは激怒します。ラチェッドの矛先は患者のビリーにも向けられますが、ビリーは責め立てられたことで自殺に追い込まれます。仲間の死を目前にし、怒りを抱くマクマーフィはラチェッドを絞殺しようとしますが、取り押さえられ拘束されます。騒動が収まったあと、戻ってきたマクマーフィの額には傷があり、表情に覇気はなく、思うように歩けない様からも、彼に何らかの「治療」が施されたことがわかります。その哀れな姿をみた患者仲間のチーフは、マクマーフィの顔を枕でふさぎ、彼の命を絶ちます。当作品はハッピーエンドとは程遠い結末を迎えるわけです。

厳密にいえば、マクマーフィは精神病の「ふり」をしているわけですから、本当の患者ではありません。しかしマクマーフィが逸脱的な暴力性を有することで看護師長から敵視されていること、また徐々に患者たちに仲間意識を抱くこと、最終的には強制的な治療を施されることで気力と身体的自由を奪われた状態にさせられてしまうことなどから、ストーリー展開にともなって彼の立場は被管理者である患者たちの側に置かれていきます。

当作品では一貫して、病院と患者のあいだに敷かれた「管理／被管理」の関係が描かれますが、それは強引な医療化を肯定するものではなく、アンチテーゼとして理解することができます。ただし、当作品にはロボトミー手術（前頭葉白質切断術）[*20]の恐怖を印象付けるシーンが登場することから、ロボトミー手術のような医療手段への批判という側面が前景化され、管理的な医療体制全般への疑義という側面がややみえにくくなっている可能性も否めません。一九七五年という製作時期を考えると、人々にはロボトミー手術がすでに過去の悪手段として映るものだったかもしれませんが、作品の企図にはロボトミー手術に限定されない、医療体制のあり方への問題提起を読みとることができるはずです。

一方の『ドリーム・チーム』も、同様に精神病院を舞台の一つとする作品ですが、『カッコーの巣の上で』のように管理的な医療体制やそれに屈する患者たちとは正反対の様子が描かれます。当作品では精神病院の外に出た四人の患者たち（ビリー、ジャック、ヘンリー、アルバート）が、事件に巻き込まれた担当医ワイツマンの救出をつうじて、自らの障害や病と向き合う姿が描かれていきます。その最大の特徴は、病院や医師の絶対性が喪失されるとともに、主人公たちが病院外での体験をとおして身近な人々との関係を修復し、自らのアイデンティティを確認するという経緯にあります。そのとき彼らは「障害者」や「患者」としての位置づけから解放され、被保護者の立場を手放すだけでなく、医師を危機から救う保護者の立場に身を置くことになります。

より具体的なシーンに着目してみると、『ドリーム・チーム』には驚くほど『カッコーの巣の上で』と反転的な描写が目立ちます。たとえばその一つが、病院内で開かれているグループミーティングのシーンです。『カッコーの巣の上で』では、看護師長ラチェッドがつねにミーティングを取り仕切り、患者の発言権を掌握していました。一方の『ドリーム・チーム』における医師ワイツマンはファシリテートに徹し、患者の発言を引き出す役目を担っています。『ドリーム・チーム』においても患者を管理下に置こうとする病院の体制を見い出すことはできますが、むしろワイツマンはそれに抗い、患者

『ドリーム・チーム』　写真協力：川喜多記念映画文化財団

の先頭を切って院外治療の必要性を訴える存在として描かれます。『カッコーの巣の上で』では主人公マクマーフィによる野球観戦の提案がことごとく却下されたのに対して、『ドリーム・チーム』では医師ワイツマン自らが病院の反対を押し切り、ヤンキースの試合観戦に患者を連れ出します。しかし、引率者として同行するワイツマンは事件に巻き込まれることで保護者の機能を完全に失います。物語は次第に、四人の患者を連れ戻そうとする病院側とワイツマンを事件から救うために奔走する患者側との攻防戦に転じていきますが、病院という保護の場を飛び出し、社会との関係を獲得することが、当作品の要になっていることは明らかです。

『ドリーム・チーム』にはもう一点、『カッコーの巣の上で』を想起させるやりとりが登場します。それが医療方法をめぐるいくつかの発言です。患者ビリーは「安定剤漬け」や「前頭葉切断」といった言葉を冗談めかしながら口にしますが、それはある種の脅し文句であり、病院への皮肉を意味しています。また物語の終盤、四人の主人公たちは自分たちを連れ戻しに来た病院の医師らをつかまえて、白衣を奪って彼らと入れ替わり、医師のふりをして追手をかわします。患者と間違われたまま入院させられた医師らは、安定剤を投与され虚ろな表情で佇んでいるのですが、これは『カッコーの巣の上で』におけるラストシーンのマクマーフィを思わせるものであり、過去の医療体制への復讐的描写とも捉えられます。

このようにみれば、これまで『ドリーム・チーム』と『カッコーの巣の上で』の関連性が表立って指摘されてこなかったことが不思議なほど、両者には強い結びつきを見い出すことができます。それらの描写は反転的ですが、医療化へのアンチテーゼが読みとれるという点では、やはり従来の障害者表象と一線を画す作品として位置づけることができます。

スクリーンのなかの社会モデル

さらに、医療化をめぐる側面とは別の角度から、従来の障害者表象に疑義を呈する作品も存在しています。そこでは「社会モデル的な障害観」がよりストレートに反映されていますが、例として『ワンダー　君は太陽』（二〇一七、スティーブン・チョボウスキー）や『最強のふたり』（二〇一一、エリック・トレダノ／オリヴィエ・ナカシュ）をあげることができるでしょう。これらの作品に共通するのは、障害の社会性を問う点だといえます。従来の障害者表象においては、それが「非力化された障害」であれ「有能力化された障害」であれ、インペアメントが強調され、障害が障害者個人に起因するものとして描かれてきました。他方で、障害が社会的障壁として浮上する過程を描き、とりわけ前章で指摘した「発生のメカニズムの社会性（障害はどのようにして生じているか）」にも言及するような作品は、「社会モデル的な障害観」を反映したものと捉えることができます。

『ワンダー　君は太陽』は、外見をめぐる障害をテーマとする作品です。主人公オギーは一〇歳の少年ですが、彼は先天的な障害により、「ふつうと違う」見た目の顔をしています。それまで母のもとで自宅学習をしてきたオギーは、五年生になって小学校へ通いはじめます。ここには家庭という家族の保護下から学校社会へと踏み出していく転換を読みとることができます。

脱家庭という観点でもう一つ注目したいのは、オギーの姉ヴィアの存在です。オギーの障害が家庭の大きな関心事であり、ヴィアはつねにオギーをケアする側に置かれてきたことに不満を感じています。ヴィアは「オギーは太陽で私とママとパパは周りの惑星」と表現し、「一度でいいから私

『ワンダー 君は太陽』 *Wonder* ©2017 Lions Gate Films Inc. and Participant Media, LLC and Walden Media, LLC. Artwork & Supplementary Materials ©2018 Lions Gate Entertainment Inc. All Rights Reserved.

を見てほしい」と葛藤を吐露します。そこには従来的な保護者と被保護者の構図への疑義のみならず、障害をめぐる問題を複数の人物の視点から社会的に描こうとする意図が介在しています。その証拠に、当作品では物語の語りが主人公オギーの視点だけではなく、姉ヴィアや友人ジャックの視点を渡り歩きながら進展していきます。

オギーの障害は何よりもまず、見た目の問題を含んでいます。彼は自らの顔を「ふつうじゃない」と認識し、登校時には顔を隠すヘルメットを装着しています。しかし、ヘルメットの存在は、（顔を隠すと同時に）顔を印づける記号にもなりえます。ここで想起されるのが、『エレファント・マン』において全身を布で覆ったメリックの姿です。メリックの場合にも、顔を覆う布がかえって彼を正体不明で不気味な存在へと転化し、通りがかりの人々の視線を集めるのでした。だからこそ、オギーにとってはヘルメットを脱ぐということが、インペアメントにとらわれた意識を開放する一歩となります。

ここでオギーの障害をめぐる見た目の問題を、スティグマ（stigma）の観点から考えることもできるでしょう。スティグマとはある特性が差別や偏見の対象とされ、社会から受け入れられないことを意味しますが[*21]、ここで障害学研究者の西倉実季による「行使されるスティグマ（enacted stigma）」と「感受されるスティグマ（felt stigma）」をめぐる議論[*22]は重要です。「行使されるスティグマ」が他者から提示される否定的・差別的反応であるのに対して、「感受されるスティグマ」とは潜在的スティグマ者が抱く「スティグマが行使されるのではないか」という恐怖心や羞恥心を指します。「感受されるスティグマ」は一見すると個人的な問題として捉えられてしまうおそれがありますが、それが社会の意味づけにもとづく反応であるかぎり、そこに社会的側面を見い出す必要があると指摘されます[*23]。

オギーの外見は「行使されるスティグマ」であると同時に、「感受されるスティグマ」でもあります。あからさまな中傷が示されずとも、人々はオギーから目をそらすのであり、オギー自身にとっても「醜い顔」のせいで誰にも話しかけられないと自認されているからです。当作品には、この

「感受されるスティグマ」の社会性を意識させるようなセリフが登場します。それは、校長が周囲の人々の視線を問うて「オギーは見た目を変えられない、われわれの見る目を変えなければ」と述べる場面にとどまらず、オギー自身が「ふつう」の社会的意味を問い直して「僕はふつうじゃない、でもみんなふつうじゃない」と思い至る場面にもあらわれています。はじめはよそよそしい態度のクラスメイトも、彼の行動によってその存在を受け入れるようになる、という物語の展開は、社会的障壁としての障害が取り払われていく過程を描いているといえます。

『ワンダー　君は太陽』と同様に、『最強のふたり』にもまた、障害の社会性を提示する視点を見い出すことができます。主人公フィリップはパラグライダーの事故により四肢麻痺の状態となり、介護者を必要としています。富豪であるフィリップが介護者を選ぶための面接を重ねるなかで現れるのが、刑務所を出たばかりの黒人ドリスでした。人種や階級において、ドリスはフィリップと正反対の立場に置かれた人物です。周囲の人々がフィリップに過剰な気づかいをみせるのとは対照的に、ドリスはフィリップにジョークを飛ばし、飾らない態度で接します。障害者であることに対する同情を嫌うフィリップにとって、ドリスのそうした態度は特異なものに映ります。ドリスとの出会いをとおして、閉ざされていたフィリップの心は徐々に溶かされていくことになります。

当作品の物語世界では、障害者に対して露骨な差別的態度をとる人はいません。差別でもなく哀

『最強のふたり』 ©2011 SPLENDIDO/GAUMONT/TF1 FILMS PRODUCTION/TEN FILMS/CHAOCORP

れみでもなく、物語世界の人々は障害者への共感を示そうとしますが、フィリップは腫れ物に触るかのような周囲の意識を見抜いています。言い換えれば、フィリップにとっては同情にもとづく「理解の装い」こそが社会的障壁として立ちはだかっているわけです。それを示すかのように、当作品には同情を遠ざけようとするセリフが頻出します。たとえば、ドリスの存在を危険視し「気をつけろ、ああいう輩は容赦ない」と忠告する友人に対して、フィリップは「容赦ないところがいい、彼は私に同情してない」と言い放ちます。

同情を嫌う主人公の態度をつうじて当作品が描こうとすることの背後には、「感動ポルノ（inspiration porn）」と呼ばれるような社会状況へのアンチテーゼが垣間見えます。これはステラ・ヤングという骨形成不全症者のジャーナリスト兼コメディアンが提起した概念で、彼女はスピーチのなかで、「障害者が健常者にとって感動を与えるための存在として捉えられている」ことを感動ポルノと呼び、次のように批判しています。

ご来場の皆さま、残念ですが、皆さんを非常にがっかりさせてしまいます。私は「感動」させに来たんじゃありません。私がここに来たのは、私たちが障害に関して騙されていたとお伝えするためです。そう、私たちは嘘を教え込まれています。障害は完璧に悪いことで、疑いの余地なしという嘘です。障害は悪いこと、だから、障害をもって生活するのは立派な人だということになります。障害は悪いことではないんです。だから、立派ということもありません。(中略)ご覧になったかもしれません。手がない小さな女の子が口にペンをくわえて絵を描く姿。カーボン・ファイバーの義肢で走る子ども。こんなイメージが実に沢山あります。私たちはこれを「感動ポルノ」と名付けました。あえて「ポルノ」と言っているのは、ある特定の人たちをモノ扱いして、他の人が得するようになっているからです。ですから、この場合、障害者を健常者のために利用しているのです。これらのイメージの目的は、皆さんを感動させ、やる気を起こさせることです。ですから、皆さんがこれを見ると、「自分の人生は最悪だけど、下には下がいる。彼らよりはマシだ」と。[*24]

ドリスがチャリティー番組を引き合いに出して、障害が「同情を引く」ための要素になることに難色を示すシーンは、まさに上記に提示されるような感動ポルノへの批判と重なります。感動ポルノが障害者のイメージをめぐる議論であるかぎり、映画における障害者表象もまた、その射程に含まれる可能性をつねにもっているはずです。その意味で、障害者を描くことで固定化された障害者イメージへの疑義を呈する当作品には、自己言及的な意識を読みとることができます。「冗談」や「ユーモア」をめぐる話題を度々セリフに登場させていることや、作品がシリアスなトーンに終始することを回避するような演出からも、同情に抵抗する意図が含まれることはたしかでしょう。『ワンダー　君は太陽』や『最強のふたり』のほかにも、障害を社会的な側面から描き、従来の障害者イメージに疑義を呈する作品は存在します。しかしそれらが突出してみえるのだとすれば、それは映画における障害者表象に何らかのメインストリームが存在してきたことの証ともいえます。

以上に論じてきたように、本章では第1章の議論をふまえながら、表象の次元における障害者像と社会の次元における障害観のゆるやかなつながりを確認してきました。そこでは「モンスター化された障害者」「非力化された障害者（≒「脱モンスター化された障害者」）」「有能力化された障害者（＝「脱非力化された障害者」）」といった「対象の描写」に関する枠組みに加え、「医学モデル的な障害観」「社会モデル的な障害観」といった「描写の意図」に関する視点を導入することで、映画のなかの障害者の描き方が微妙に変化してきたことがみてとれたと思います。

しかし、その相違点を理解するだけでは、まだ「スクリーンのなかの障害」を十分に検討したことにはなりません。そこであらたに導入してみたいのが、「コミュニケーション」という観点です。というのも、映画における障害者のイメージには一定の変遷が認められる一方で、コミュニケーションという観点からみると、同じような構造的問題が長らく保持されているようにも思われるからです。次章では、「スクリーンのなかの障害」がどのようなコミュニケーション過程をともなって描かれているのか、という点に着目し、障害の表象が抱える問題の共通性を探ります。

＊1 Martin F. Norden, *The Cinema of Isolation: A History of Physical Disability in the Movies* (New Brunswick, NJ: Rutgers University Press, 1994).

＊2 ここで「モンスター化された障害者」という表現を用いたのには理由があります。社会史家のレスリー・フィードラーは、「モンスター」が空想的な存在であり、恐怖と嫌悪を引き起す他者であるのに対して、「フリーク」は、あくまで人間の親から生まれた人間の子であり、神話的・神秘的な存在であるとして、「フリークと

モンスターとを混同してはならない」と述べています（レスリー・フィードラー『フリークス――秘められた自己の神話とイメージ』伊藤俊治・旦敬介・大場正明訳、青土社、一九八六年、二〇‐二二頁）。じっさいに当時の障害者のなかには自らが「フリーク」と名づけられることを好む人々もいたといいます。しかし本書では、当時の「モンスター」という言葉に恐怖感や嫌悪感が付随していたことに着目し、障害者に向けられたまなざしをあらわすために「モンスター化された」という表現を選択しています。

＊3　ここで、こうした展開を際立たせる一つのシーンを、物語の序盤に見い出すことができます。フリークスが小川のほとりで遊んでいたところ、公園の管理者が「あんな生き物は殺すべき」だとして追い出そうとするのですが、フリークスの保護役であるテトラリーニは「この子たちは子ども」だと言い返し（しかしフリークスのなかには、おおよそ子どもには見えない人物も含まれます）、管理者が去ってから「神様は守ってくださる」と彼らに語りかけ、フリークスらを「神の御子」であると評します。物語の序盤では子ども性を付与された無邪気な存在だったフリークスたちが、終盤にモンスター性を付与された存在へと転換される様は、当時の障害者が「フリークス」としての神秘性と「モンスター」としての恐怖性の双方を社会的に負わされていた可能性を示しているとも考えられます。

＊4　ジャン・ヴェルドン『図説笑いの中世史』池上俊一監修、吉田春美訳、原書房、二〇〇二年、一一八‐一一九頁。

＊5　イーニッド・ウェルズフォード『道化』内藤健二訳、晶文社、一九七九年、六四・一一六頁。

＊6　ジャン＝ジャック・クルティーヌ「異常な身体――奇形の文化史と文化人類学」三浦直希訳、ジャン＝ジャック・クルティーヌ編『身体の歴史Ⅲ――20世紀　まなざしの変容』藤原書店、二〇一〇年、二五九頁。

＊7　前掲、二六三頁。

＊8　前掲、二八九頁。

＊9　フィードラー『フリークス』一〇頁。

＊10　クルティーヌ「異常な身体」クルティーヌ編『身体の歴史Ⅲ』二八一頁。

＊11　アントワーヌ・ド・ベック「スクリーン――映画における身体」下澤和義訳、クルティーヌ編『身体の歴史Ⅲ』四三六‐四三七頁。

＊12　見世物文化が医学や映画に対するまなざしへと変化していったと考えることは歴史的にみても妥当だといえますが、見世物・医学・映画の交差点がより古い時期から設けられていた可能性も無視できません。一九〇〇年代に流通したという医学教育映画や科学映画などがその一例です。たとえば、フランスの外科医ウジェーヌ＝ルイ・ドワイヤンは結合双生児の分離手術を記録した『ドゥーディカ＝ラディカの分離』（一九〇二）をはじめ、複数の手術の記録映画を撮影していますが、それらは見世物映画として受容されていたといいます。稲生平太郎・高橋洋『映画の生体解剖――恐怖と恍惚のシネマガイド』洋泉社、二〇一四年、四一‐四二頁。

＊13　『ノートルダムのせむし男』は一九三九年にもウィリアム・ディターレ監督によって映画化されています。一九三九年版においてもストーリーの大筋は変わらず、せむし男のカジモドは物語のなかで「怪物」「魔物」と呼ばれるなど、モンスター性を付与されています。

＊14　Norden, *The Cinema of Isolation*.

＊15　デイヴィッド・J・スカル『モンスター・ショー――怪奇映画の文化史』栩木玲子訳、国書刊行会、一九九八年。塚田幸光「フリークス・アメリカ――ヘミングウェイ、ロン・チャニー、身体欠損」『外国語外国文化研究』17、二〇一七年、一‐二三頁。

＊16　それらは負傷兵のメタファーであるのみならず、病や障害が戦争そのもののメタファーとなっている側面もあります。たとえば、『カリガリ博士』（一九一九、ロベルト・ウイーネ）における夢遊病が「不本意な軍事徴兵

のドイツ的なメタファー」だったとする見方などがあげられます（スカル『モンスター・ショー』一九二頁）。

*17 ただし、フリークス本人たちによる評価は肯定的なものばかりではなく、「搾取」や「侮辱」とみる向きがあったようです（スカル『モンスター・ショー』三四二頁）。これはまさに、障害者表象が長らく本人たちの意向を置き去りにして、外部から付与したイメージを提示するものであり続けてきたことを示唆しています。

*18 一九五〇代末から一九六〇年代初めに世界各国で販売された鎮静・催眠薬サリドマイドによって引き起こされた薬害事件を指します。妊娠初期にサリドマイドを服用したことで、胎児の手や足、耳などに奇形が発生し、世界で数千万人の被害があったと推定されています。

*19 スカル『モンスター・ショー』三四二－三四三頁。

*20 ロボトミー手術とは前頭葉白質を切断する外科療法で、一九三〇年代から統合失調症やその他の精神疾患を対象としておこなわれました。精神疾患の症状の緩和を目的としていましたが、患者の人格変化や自律性の低下をもたらすことから非人道的な方法として認識され、一九五〇年代には投薬治療へと移行していきます。

*21 アーヴィング・ゴッフマン『スティグマの社会学――烙印を押されたアイデンティティ』石黒毅訳、せりか書房、一九七〇年。

*22 西倉実季「合理的配慮をめぐるジレンマ――アクセスとプライバシーの間」川島聡・飯野由里子・西倉実季・星加良司『合理的配慮――対話を開く、対話が拓く』有斐閣、二〇一六年、一六三－一八〇頁。

*23 前掲。飯野由里子「第5章　社会的な問題としての「言えなさ」」飯野・星加・西倉『「社会」を扱う新たなモード』一六三－一九七頁。

*24 TED.com. "Talk Video: Stella Young: I'm not your inspiration, thank you very much" http://www.ted.com/talks/stella_young_i_m_not_your_inspiration_thank_you_very_much (2024/10/16).

第3章

コミュニケーションの問題として描かれる障害

「不全」と「達成」のストーリーは何を意味するのか

「人はコミュニケーションしないわけにはいかない（One cannot not communicate）」[*1]――この有名な言辞が示すように、社会的な存在としての人間をコミュニケーションから切り離すことはできません。私たちはコミュニケーションという言葉に「わかりあう」ことや「伝えあう」ことなど、合意や調和の側面だけを見い出しがちですが、喧嘩をしたり、無視をしたりすることもコミュニケーションの一種であるという点で、そもそも、それは「わかりあえない」「伝えあえない」可能性に満ちています。また、私たちはコミュニケーションという言葉を聞くと、誰かと向かい合って会話や身振りを交わすことだけを思い浮かべがちですが、コミュニケーションには対面性や共時性をともなわないやりとりや、ときには自問自答をするような行為も含まれます。

近年、日本では「コミュニケーション能力」や「コミュニケーションスキル」なるものがもてはやされていますが、「理想的なコミュニケーションの形」を定め、そこから外れるやりとりや行為を一概に「コミュニケーションの失敗」とみなすような考え方は、狭いコミュニケーション観であるといわざるをえません。本書はそうした狭義のコミュニケーション観とは別の立場をとることを先に断っておきます。

コミュニケーションとコード

ここで少々まわり道になりますが、コミュニケーションの社会的側面について、もう少し確認しておく必要がありそうです。コミュニケーションの定義は分野や論者によって多岐に渡りますが、たとえば哲学者のヴィレム・フルッサーはコミュニケーションの反自然性に注目し、次のような説明を展開しています。

人間のコミュニケーションは、人為的な事柄である。それは、技巧に基づき、考察に基づき、道具と用具に基づき、要するにコード化された記号《シンボル》に基づいている。人間は〈自然に〉お互いを理解するのではない。話すときに口から出るのは、鳥の囀《さえず》りのような〈自然の〉音ではなく、書くということも、蜜蜂のダンスのような〈自然の〉所作ではない。だから、コミュニケーション学は自然科学ではなく、人間の自然的でない側面にかかわる分野に属する。[*2]

ここで重要な点は、人間のコミュニケーションが「コード」にもとづく行為だということです。[*3]簡単にいうと「コード」とはメッセージを解釈する際に参照される「規則（取り決め）」とでも理解しておくことができるでしょう。たとえば、日常生活のなかでおこなう「挨拶」という行為一つをとってみても、人々が適切な場面で適切にそれを実行できるのは、社会的・文化的なコードを参照しているからだということになります。あるいは、いまここに記述されている文字や文章が読者にとって意味ある内容として理解されうるのも、日本語という言語的なコードが共有されているからだということになります。

ただし、コードは文化や言語の慣習のなかで身につけられるものであるため、コミュニケーションにおいて前提とされるコードは文化圏や言語圏によって異なります。そのため、ある文化圏や言語圏のなかで共有されているコードも、その一歩外側に出れば通用しない、ということも往々にして生じます。そう考えると、誤解や逸脱的行為といったやりとりもまた、コード（そこでのコードとはいかなるものか、また、コードに即しているか否か）を前提として意味づけられるのだといえます。

「不全」から「達成」へというパターン

いずれにせよ、コミュニケーションが人間にとって不可避な事柄であるならば、障害をめぐる社会的な人間関係にコミュニケーションの問題がともなうのも当然のことでしょう。こうした前提に立ったうえで、本章では映画における障害が、しばしばコミュニケーションの問題として描かれていることに注目し、その視座から障害表象を捉え直してみたいと思います。「スクリーンのなかの障害」をめぐるコミュニケーションについて考えるとき、そこにはいくつかの次元が介在しています。

① 表象内部の次元（物語世界における障害をめぐるコミュニケーション）
② 鑑賞の次元（観客が表象を意味づけるコミュニケーション）
③ 鑑賞を顧みる次元（表象を意味づける鑑賞行為について考察するコミュニケーション）

以下に展開する議論は、何よりもまず「表象内部の次元」に着目し、映画に描かれる障害が物語世界の人間関係においてどのようなコミュニケーション状況に置かれているのかを考察しようとするものです。しかし映画に描かれるコミュニケーションが、映画を鑑賞するという行為をつうじてあらわになる以上、それはつねに「鑑賞の次元」におけるコミュニケーションを纏っているともいえます。

繰り返しになりますが、そもそも人間とコミュニケーションは切り離せないわけですから、映画における障害がコミュニケーションをともなって描写されるからといって、それ自体に問題がある、といいたいわけではありません。ここでは、障害をめぐって提示されるコミュニケーションの様相が一定のパターンを帯びていることに注意を向けたいのです。すなわち、「コミュニケーションの不全」から「コミュニケーションの達成」へというプロセスを描くようなパターンです。[*4]

この「不全」と「達成」（あるいは、「断絶」と「修復」などと呼んでもよいでしょう）は、「コミュニケーションの理想的な形」を想定することではじめて可能になりますが、「理想的な形」を定めるということは、逸脱的なやりとりをコミュニケーションとして認めない、という態度とも表裏一体であり、ややもすると、それは本書が一線を画そうとする狭義のコミュニケーション観へと回帰してしまうようにもみえます。

しかし、じっさいに映画に描かれるコミュニケーションの多くは、「できなかったことができるようになる」とか「わかりあえなかった人々がわかりあえるようになる」といった、まさに「不全」から「達成」への転換によって、障害や障害者を（物語世界の人々にとって）「理解可能」なものへと転じさせるストーリーをともなっています。だからこそ、ここではあえて「不全」や「達成」という表現を用いるというわけです。加えて、障害や障害者を「理解可能」なものへと転じさせる展開は、「表象内部の次元」だけではなく、「鑑賞の次元」においても作用しえます。つまり、「不全」から「達成」へのストーリーは、観客による障害の受けとめにおいても「わかりあい」の構図を前景化させる可能性があるということです。

言語的な問題としてのコミュニケーション

前置きが長くなりましたが、じっさいの作品のなかで、「コミュニケーションの不全」から「コミュニケーションの達成」へという展開は、いかなるコミュニケーションの描写によって具現化されているのでしょうか。最初にわかりやすい例として、前章でも扱った『エレファント・マン』を取り上げてみましょう。

『エレファント・マン』におけるコミュニケーションの描写についてまず指摘できることは、主人公メリックに付与された身体的な障害がコミュニケーションをめぐる障害と混同されて物語世界の人々に理解されているという点です。もともとメリックは骨格変形や腫瘍のために身体的(可視的)な障害を負う存在でしたが、周囲の人々は彼の障害を、コミュニケーションをめぐる言語的な問題として捉えています。そのためメリックが見世物小屋から病院に移された当初、病院の看護師や医師たちは彼に対して、言葉を話せず「頭が弱い」存在というレッテルを付与するのでした。メリックが言葉を話そうとしないのは抑圧的な環境のせいですが、医師トリーヴスは彼が自らの考えを言語化できないものと判断し、また病院の院長はそれを理由に彼を病院から追い出そうとします。

ここには明らかに「コミュニケーションの不全」を示す描写が認められます。既述のように、コミュニケーションとはコードにもとづく行為といえますが、いわばメリックは言語的なやりとりに参与できない存在であるとみなされたがために、コミュニケーションからつまはじきにされていると理解することができます。しかしこの「不全」は同時に、それが「達成」へと転じることで、障害への理解を獲得し、周囲の人々との関係を構築する機会となる可能性を有してもいます。

じっさいに、メリックが自分の意志で聖書を暗唱したり、医師トリーヴスとの会話のなかで言語能力を証明したりすることによって、彼は次第に「人間」として認められ、病院に居場所を得ることになります。はじめは「壁と話をしているようだ」と述べ、彼とかかわることを避けていた看護師たちも、言葉による疎通が可能であると気づいた後は、メリックの存在を受け入れて世話をするようになります。このように、当作品では、「コミュニケーションの不全」から「コミュニケーションの成立」への転換が、メリックの障害に対する周囲の人々の理解を導くための条件として作用しているといえます。

障害をめぐるコミュニケーションが言語的な問題として描かれるようなパターンは、じつは『エレファント・マン』に特有のものではありません。障害の種類にかかわらず、その人間関係がしばしばしば言語をめぐる「コミュニケーションの不全」として描かれてきたことは注目に値します。本来、人間のコミュニケーションは言語コミュニケーションと非言語コミュニケーションの双方から成り立っていますが、障害の表象をめぐって言語の問題が強調されるということは、その社会がいかに言語の優位性を信じているかということを示しているようでもあります。

これも既出の例をあげれば、『ノートルダムのせむし男』に登場するせむし男のカジモドは、「耳が聞こえない」ために周囲の人々からコミュニケーション困難な存在としてみなされています。一九二三年版の作品では、カジモドが言葉を発することのできないろう唖者として描かれ、そうした「コミュニケーションの不全」が彼のモンスター性を強調する要素として機能しています。

しかし、後に製作された一九三九年版の『ノートルダムのせむし男』（ウィリアム・ディターレ）では、カジモドがろう者でありながら身振りを交えた口話によって会話できる存在として描かれており、[*6]ジプシーの娘エズメラルドはカジモドとの疎通が可能である点に気づくことで、彼に対する恐怖心を少しずつ和らげていきます。結局のところ、エズメラルドに対するカジモドの思いが成就することはありませんが、ここでも言語コードに依拠した「コミュニケーションの不全」から「コミュニケーションの達成」へのプロセスが、カジモドに対する理解と受け入れにつながっていることはたしかです。

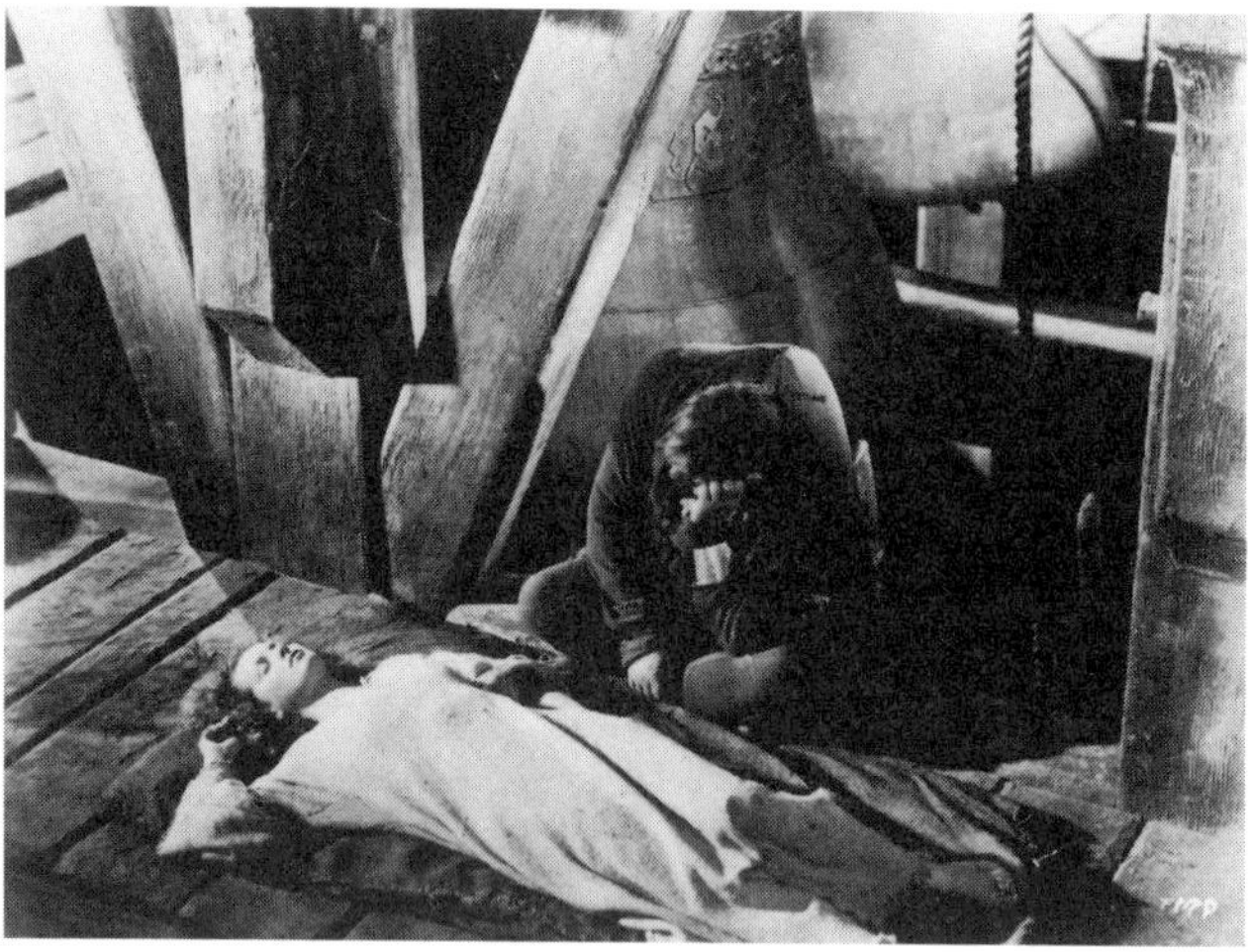

『ノートルダムのせむし男』　写真協力：川喜多記念映画文化財団

さらに留意したいのは、障害をめぐるコミュニケーションが言語的な問題として描かれるとき、そこでの「コミュニケーションの不全」が言語コードからの逸脱にのみ起因しているのではない、という点です。コミュニケーションがコードにもとづく行為であることは既述のとおりですが、コミュニケーションにはコードと同等に、もう一つの重要な要素が介在しています。それが「コンテクスト」です。

コンテクストへの無理解

コンテクストとは、コミュニケーションにおいてメッセージの意味を規定する状況や文脈のことを指します。たとえば、「お上手ですね」

「斬新な発想ですね」などの表現は、あるコンテクストにおいては賛辞を意味することもありますが、別のコンテクストでは皮肉や嫌味を意味することもあります。メッセージの意味はコードとコンテクストによって規定されますが、コンテクストは明文化されるわけではないので、状況や文脈を読むことでしか想定することができません。

他方で、コンテクストを読むためには社会の規範やコードを参照する必要が生じることもあるでしょうから、両者は入り組みながらコミュニケーションを支えているともいえます。映画における障害表象には、このコンテクストへの無理解によって「コミュニケーションの不全」が引き起こされるような描写が散見されます。

たとえば『フォレスト・ガンプ／一期一会』の主人公フォレストは、単純作業の繰り返しに優れた人物として描かれています。その特性は実直さやまじめさにも映りますが、見方を変えれば、コンテクストを度外視した行動ともとれます。たとえば、フォレストは幼馴染のジェニーに戦地から手紙を送り続けますが、ジェニーからの返事は一度もありません。返事がなければ、相手に嫌われているのではないかとか、手紙が届いていないのではないかとか、様々な可能性に思い至りそうなものですが、フォレストはそのコンテクストを見定めないことによって反復的な行動を継続します。

そうした彼の行為は、ある意味で「コミュニケーションの不全」を描写する面があるのですが、当作品ではその特性が環境と合致することによって、戦線での活躍やスポーツでの大成による「コミュニケーションの達成」をもたらし、フォレストの障害が周囲の人々にとって価値あるものと受けとめられていきます。

また『レインマン』にも、コミュニケーションをめぐるコンテクストの問題がより明確に描写されるシーンがあります。自閉症の主人公レイモンドは意思疎通や感情表現に偏りがあり、決まった言動を繰り返す特性が強調的に描かれています。

たとえば、アボットとコステロのジョークを「暗唱」するという口癖は、レイモンドの不安をあらわす反復的言動の一つです。これはコメディアンのバッド・アボットとルウ・コステロによる定番のジョーク「Who's On First?（一塁手は誰？）」（本来のジョークでは、一塁手の名前が「誰（Who）」であることに由来する質問と回答の混乱がおかしみを生じさせます）を参照したものなのですが、彼はそのセリフを文字どおり暗唱しているだけで、ジョークのおもしろみを理解しているわけではありません。つまり、そこでのレイモンドの発言は、ジョークのコンテクストから大きく乖離しているわけです（彼にとってそれは「なぞなぞ」というコンテクストと結びつけられています）。弟チャーリーはレイモンドに対して、それが「なぞなぞ」ではなく「ジョーク」であることを説き、「そのギャグがわかりゃ、お前も少しは進歩する」と述べます。

ここで、そもそもジョークやユーモアが高度なコンテクスト理解にもとづくメタ・コミュニケーションであることに注意する必要があります。このメタ・コミュニケーション性を考える際に、文化人類学者であるグレゴリー・ベイトソンの遊びに関する議論を参照することもできるでしょう。ベイトソンは遊びのコンテクストが成立するためには、遊びの参与者が「これは遊びだ（This is play）」というメタ意識を保持していなければならないと指摘しました。[*7]

それと同様に、ジョークがジョークとして成立するためには、「これはジョークである」というコンテクストの共有が求められます。このように考えれば、ジョークのコンテクストを理解するという行為はメタ・コミュニケーションの実践をともなうという点で、高度なコミュニケーションだといえます。

メタ・コミュニケーションの問題をめぐる「不全」から「達成」への転換として、物語の終盤ではレイモンドが「ジョーク」のコンテクストを理解できるようになったかのような描写がみられます。レイモンドは冗談めかしたことを言うチャーリーに対して「チャーリーがふざけた」と状況特定的な発言をしたり、件のアボットとコステロのジョークを指して「『Who's On First』はおもしろい」と述べたりするようになるのです。そうした変化に対して、チャーリーも「ジョーク効いてたぜ」と彼を評価し、二人は頻繁に笑いあいます。つまりここでは、コミュニケーションにおける適切なコンテクストの選択が、レイモンドの「進化」に結びつけられ、チャーリーに「僕ら心がつうじた」と言わしめる一つの根拠となっていることがうかがえます。

ただし、レイモンドのコミュニケーション行為に対する評価があくまでチャーリーの読みとりに依存する点をふまえれば、コミュニケーションの意味づけが特定のコミュニケーション視点をつうじてしかなしえないものであることが理解できます。

障害というテーマの後景化

ところで、コミュニケーションをめぐるコードとコンテクストの問題は、言語的なやりとりだけでなく社会行為全般に及びます。そうした側面から「不全」と「達成」の描写を考えるにあたって、ここであらたに『アイ・アム・サム』（二〇〇一、ジェシー・ネルソン）を取り上げてみたいと思います。知的障害の主人公サムは小学生になる娘のルーシーを一人で育てていますが、児童福祉局から養育能力に疑念をもたれ、やがてルーシーと離別することになります。ルーシーを取り戻すためにサムは裁判で争うことを決意し、敏腕弁護士のリタに弁護を依頼します。一度は里親に引き取られたルーシーでしたが、最終的にサムは親権を取り戻し、里親と協力しながらルーシーを育ててい

『アイ・アム・サム』　写真提供：RGR Collection / Alamy Stock Photo

く結末が描かれます。当作品はサムの非力な部分を描きながらも、その非力化が社会的障壁によって引き起こされたものである可能性を示唆する点から、社会モデル的な障害観を含むと考えることができます。

サムは決まった生活パターンのルーティンを好む傾向にあり、状況を読んで行動することが苦手です。たとえば外食一つをとっても、行きつけの店のメニュー以外は許容できず、はじめて行くハンバーガーショップでいつものメニューを頼み続けたり、娘の学校行事でも人目をはばからずに子どものような振る舞いをとり、子どもたちの嘲笑の的となったりします。これはどちらかといえば、言語的なコードよりも社会的・文化的なコードの問題と捉えることができるでしょう。あるいは状況に即してコードにもとづく行動を実行できないという意味で、コンテクストの問題と捉えることもできます。社会学者のアーヴィング・ゴッフマンは対面コミュニケーションにおける相互行為を論じるなかで、とりわけ精神的症候をめぐる行為の社会的逸脱について以下のように述べています。

奇矯な身ぶりのような不適切さが生じるとき、その不適切さは目立つことになり、だから注目されるのだが、そのわけは、なにかが伝達されるからではなく、他人たちがいるところで人はどのようにふるまうべきかについてのいろいろなルールが破られるからである。言語・非言語コミュニケーションは、なにか他のもののなかを流れて集まるものである。そのなにか他のものとは、是認された形の、作法をともなう社交、あるいは共同参加である。その是認された形において、個々人は自分たちが結束するように調整する責任をもっている。精神病的態度で行動するとは、ほとんどの場合、面前にいる人たちと不適切に交わることを意味する。[*8]

ここで確認したいのは、ゴッフマンの精神病に関する議論に全面的に賛同できるか否かということよりも、社会的逸脱の背後にはコード（ルールや作法）の違反とコンテクストの読み違えが想定されているということです。

これをふまえると、当作品におけるサムの障害はやはり「コミュニケーションの不全」から「コミュニケーションの達成」への経過をともなって描かれますが、その「不全」はとりわけ社会の規律を体現する弁護士リタとのやりとりや、裁判という厳格な制度をつうじてあらわになります。自らの立場に有利な主張を展開することが求められる法廷でのコミュニケーションは、ときに臨機応変な対応が必要とされますが、サムは「真実を話す」という誓いにどこまでも忠実でいようとします。そうしたサムの振る舞いを修正しようと、リタが彼に〈「脚色」に満ちた〉証言の練習をさせるシーンは印象的です。しかし結局のところ、サムは法廷でうまく立ち回ることができません。ここでサムは法廷での「コミュニケーションの達成」に失敗するようにみえますが、他方でリタとの関係構築という点では、彼の正直さが彼らを協同関係に導き、リタが抱える家庭問題に意図せぬ助言をもたらすことで、最後には「私のほうがあなたに救われている」とリタに言わしめます。

物語においてリタが社会規範の象徴的位置を担う以上、はじめはサムに無理解であったリタから一定の信頼を得ることは、サムが社会コードとの接点を取り戻したことを示唆しています。いわばリタは「障害者〈サム〉」と「健常者〈社会〉」のあいだを取りもつ架け橋としての役割を担いますが、それのみならず、鑑賞の次元においても「障害者〈サム〉」と「健常者〈観客〉」のあいだを取りもつ架け橋として機能しているかのようです。

上記に示したような、「コミュニケーションの不全」から「コミュニケーションの達成」へのプロセスは、「鑑賞の次元」（すなわち、観客が表象を意味づけるコミュニケーションの次元）においても、障害に対して観客が抱きうる均質な「理解」や「受けとめ」を促すようにみえます。しかし、障害をコミュニケーションの問題として描くということは、何かを提示するだけでなく、ときに何かを隠蔽する可能性をも含んではいないでしょうか。

この点について考える際に、まず、そもそもなぜ障害をとりまく状況がコミュニケーションの問題に置きかえられなければならないのか、と問うてみることもできます。おそらくそこにはコミュニケーションが万人に共通する事象であり、さらにいえば「障害者」にも「健常者」にも普遍的な事象であるとの認識が大きく関与しています。そのような前提にもとづくのであれば、障害をめぐるコミュニケーションは「表象内部の次元」においても「鑑賞の次元」においても、いわば「障害者」と「健常者」をつなぐ橋渡しの役割を付与されていると考えることができます。ようするに、そこでのコミュニケーションは障害を身近な問題として提示し、障害者を観客にとって共感可能な存在として映し出すための枠組みとして機能しているわけです。

ここで留意したいのは、「不全」から「達成」へのプロセスが、ときに障害というテーマを後景化し、「恋愛」や「家族愛」や「友情」といった障害とは別のテーマを照射しうる、という点です。というのも、映画のなかの障害は、しばしば別のストーリーを物語るための仕掛けとして機能しているかもしれないからです。

この構図は観客にとってみえにくいものであるがゆえに、「恋愛」や「家族愛」や「友情」のストーリーを受容することが、あたかも障害や障害者を理解することと同列であるかのように捉えられる可能性が生じています。より拡大的にみれば、こうした構図は「スクリーンのなかの障害」だけに限定される問題ではなく、テレビドラマや漫画などの障害表象にも似たような議論がもたれてきました。

たとえば社会学者の土屋葉は少女漫画における障害表象を分析するなかで、そこでの障害が恋愛物語に回収される点を指摘し、漫画の読者が「健常者と障害者の恋愛の対称性」の強調をつうじて、「障害があっても愛しあう気もちは同じ」「障害があっても幸せな家庭を求める気もちは同じ」、だから「偏見／差別はいけない」と安易に結論づける可能性は否定できない」と述べています。[*9]表象をめぐる共感はかならずしも批判されるべきものではありませんが、「同じであること」に隠された非対称的な構図には注意が必要だという点は、第1章で論じた「共生」言説をとりまく状況とも類似しています。

二つのステレオタイプ化

このようにコミュニケーションという枠組みのもとで、障害を観客にとって「理解」可能なものとして描くことには、二つのステレオタイプ化がともなっているように思います。すなわち、「障害（者）のステレオタイプ化」と「コミュニケーションのステレオタイプ化」です。

「障害（者）のステレオタイプ化」については、映画に描かれる障害者と観客が「観られる／観る」という関係において非対称的であるのみならず、「障害者／健常者」という関係においても非対称的であるという前提が介在しています。それゆえ多くの場合に、映画のなかの障害者は観客にとって「他者」として位置づけられるわけですが、既述のように「恋愛」「家族愛」「友情」といったストーリーのなかに「不全」から「達成」へのプロセスが内包されることで、障害者は観客にとっても共感可能な、あるいは同化可能な存在へと位置づけ直されていきます。

しかし、それは同時に障害の多様性や個別性を隠蔽し、障害を単純化するということにもつながります。他者としての誰かと向き合うとき、相手の「わからない」部分や、自分の「理解」におさまらない部分を許容しない態度には、ある種の強引さがともなうともいえます。

また「コミュニケーションのステレオタイプ化」については、コミュニケーションを「健常者」と「障害者」に共通の普遍的な事象として捉えようとする前提や、「コミュニケーションの不全」から「コミュニケーションの成立」というプロセスの重視からもわかるように、あたかも「正常なコミュニケーション」「異常なコミュニケーション」の形が存在するかのような想定がなされています。

これは「わかりあう」ことや「伝えあう」ことのみをコミュニケーションの成功とみなすような、本章の冒頭で言及した狭いコミュニケーション観と重なりあいながら、反転的に「わかりあえない」「伝えあえない」状況を厳しく制裁する態度をもたらし、障害をめぐって人々が多様な関係を結ぶ可能性を排除することにつながるかもしれません。

こうした「障害（者）のステレオタイプ化」と「コミュニケーションのステレオタイプ化」に対してあまりに無自覚であるとき、障害表象を観るという行為は、逆に障害と多角的に向き合うことを阻害するという結果をもたらすとも考えられるのではないでしょうか。

このように述べると、障害がコミュニケーションの問題として描かれること自体に、ずいぶんとネガティヴな印象を抱かれるかもしれません。しかし他方で、映画のなかに提示されるコミュニケーションが、障害をめぐる固定的で一方向的な「理解」とは別の読みをもたらす可能性も当然あります。以下には「不全」から「達成」へのプロセスに抗うような作品や、〈「表象内部の次元」においても「鑑賞の次元」においても〉そもそも簡単に「わかりあうこと」をあえて遠ざけるような作品を取り上げてみたいと思います。

鑑賞を顧みる次元

と、今後展開する議論の大枠を示したうえで作品の考察をおこなえば、話は「わかりやすく」「伝わりやすい」はずですが、その前に一度立ち止まって確認しておかなければならないことがあります。それが、ここまで不問のままにしていた「鑑賞を顧みる次元（表象を意味づける鑑賞行為について考察するコミュニケーション）」についてです。「スクリーンのなかの障害」をめぐるコミュニケーションについて考えるとき、そこに「表象内部の次元」「鑑賞の次元」「鑑賞を顧みる次元」が介在していることは、すでに述べたとおりです。

ここで注目してみたいのは、三つ目に位置する「鑑賞を顧みる次元」ですが、いうなれば本書がいま実践している「映画について論じる」という行為は、まさに「〈「表象内部に描かれたことを、」鑑賞行為をつうじて意味づけること〉を顧みて考察するコミュニケーション」にほかなりません。コミュニケーションを意味づけるコミュニケーション行為を議論の俎上に載せることは少々込み入った観点を含みますが、その手助けとなるのが社会学者のニクラス・ルーマンによるコミュニケーション理論です。

まずルーマンのコミュニケーション理論において重要な点は、当時の主流なコミュニケーション観であった「移転メタファー」を否定するものだということです。簡単にいえば、「移転メタファー」とは送り手から受け手へと送られる情報がまっすぐにそのままの形で届く（すなわち同一的に「移転」される）とする考え方で、コミュニケーションを直線的な回路として想定することが特徴です。[*10] しかしルーマンはコミュニケーションが情報の単純な受け渡しなのではなく、送り手側によってすでに選択的に用意された情報を、受け手側が選択的に理解するという「選択の処理過程」だと述べます。つまり、コミュニケーションのメッセージはいつでも送り手の意図どおりに伝わるわけではなく、受け手の解釈をめぐる「選択」によって意図とは異なる意味を与えられうる（ときにこれは「誤解」と呼ばれる）というわけです。

ルーマンはコミュニケーションを「情報」「伝達」「理解」という三つの要素の統一体と捉えていますが、「コミュニケーションが成立するのは、情報と伝達行動の差異が観察され、確認され、理解されて、この差異が接続行動の選択を基礎づけるばあいにかぎられている」[*11] としています。すなわちコミュニケーションとは、何が（情報の選択）、どのように伝えられたのか（伝達の選択）、の双方を異なる側面として把握すること（選択的な理解あるいは誤解）だというわけです。ここで注意したいのは、それがどのように「理解（誤解）」されたのかは、その後に続くコミュニケーションにおいてしか措定されえない、という指摘です。ルーマンはそうしたコミュニケーションの連なりにおける再帰性を次のように説明しています。

あるコミュニケーション的行為にあるコミュニケーション的行為が次々と続くばあい、先行するコミュニケーションが理解されているのかどうかの吟味が、そのつどおこなわれている。接続するコミュニケーションがいかに不意に中断されても、そのコミュニケーションを手がかりとして、それが先行するコミュニケーションの理解に依拠しているということを明らかにしたり観察したりすることができるのである。そうした吟味により、否定的な結論になることもありうるし、そうしたばあいにはしばしば、コミュニケーションについての再帰的なコミュニケーションへのきっかけが与えられる。だが、このことを可能にするためには（またはたいていのばあいその可能性を残しておくためには）、なんらかの理解の吟味がつねにあわせておこなわなければならず、そのためつねに注意の一部が理解の点検のために割かれているのである。（中略）いずれにしても、個々のコミュニケーションはいずれも、その次のコミュニケーションへの接続連関を理解しうる可能性を有し、その理解を点検できる点で回帰的に保証されている。[*12]

この説明を上記に展開してきた映画表象の議論と照らし合わせてみれば、それは当然、「表象内部の次元」や「鑑賞の次元」における障害をめぐるコミュニケーション理解にも適合する事柄ですが、それよりも再度ここで強調したいのは、「鑑賞を顧みる次元」のコミュニケーションがルーマンのいうような連関的コミュニケーション過程の一部をなすものと理解できる点です。スクリーンのなかで展開されていた「不全」から「達成」へのプロセスや、また、以下に論じる単純な「わかりあい」に回収されないコミュニケーションも、観客が映画を観る過程においてなしうる読みを、その後に連なるコミュニケーション（たとえばいまここで論じる考察）から眺め返すことで措定されていくのであり、そして、その連関は幾重にも後続しえます。

ルーマンは後続するコミュニケーション過程によって先行する「理解（誤解）」は修正可能になると捉えていますが、以下に展開する議論も、「わかりあい」から逸れるものを「理解」するという一種の選択（言い換えれば、「わかろう」とすること）であり、それはいつでも「修正」の余地にさらされていることに自覚的であるべきといえます。

別の障害（者）像

上記の点に十分留意し、以下ではあらためて、「コミュニケーションの不全」から「コミュニケーションの達成」へのプロセスを描くことに終始しない作品についても触れておきたいと思います。とりわけ従来的な「不全」の描き方に疑義を呈する作品の一つとして、コメディ作品を多く手がける映画監督ファレリー兄弟（ピーターおよびボビー・ファレリー）が製作を担当した『リンガー！替え玉★選手権』（二〇〇五、バリー・W・ブラウスタイン）をあげることができます。

知的障害者の競技会であるスペシャル・オリンピックスを舞台とした当作品は、大会に臨む障害者たちの友情関係にフォーカスするという点で、ある種の「不全」から「達成」への過程が含まれないわけではありません。しかしここで注目したいのは、そもそもそこでの「不全」をめぐるコードが反転的に描かれているという点です。

当作品の最大の特徴は、何よりもまず、それがコメディというジャンルに置かれていることです。表象の領域において、元来、コメディ（あるいはあらゆる笑いの要素）と障害は相性の悪いものとみ

『リンガー！替え玉★選手権』　写真提供：Entertainment Pictures / Alamy Stock Photo

なされてきました。それは、先述した「感動ポルノ」のような障害観が主流をなしてきた時代状況にもあらわれています。だからこそ、当作品ではあえてコメディの作法を用いることで、従来の障害表象に抵抗し、それとは別の障害（者）像を提示することが目指されているともいえます。[*13]

当作品の主人公スティーヴは健常者ですが、自らが賭けの対象となって一儲けするために、知的障害を装って大会に出場しようと画策します。知的障害者を装うために彼がまずおこなったのは、『フォレスト・ガンプ／一期一会』や『アイ・アム・サム』といった有名な映画作品を参照しながら、障害者を演じるための大げさな演技を練習することでした。ここにはすでに従来の障害表象に関するある種の批判が込められています。というのも、このとき観客が目にするのは「障害者を演じる健常者を（映画をつうじて）演じる」行為であり、そのメタ性が「健常者」（観客）による「障害者」（主人公）への単純な共感を回避する構図を含んでいるともいえるからです。*14

万全の準備で乗り込むスティーヴでしたが、その陳腐な演技は（健常者のスタッフで後に彼と恋仲になるリンを騙すことはできても）知的障害者の選手仲間からはすぐに見破られてしまいます。選手仲間を演じるのが障害当事者やじっさいのスペシャル・オリンピックスの選手である点は、スティーヴとの対称性をより際立たせています。結局、スティーヴは自分が知的障害者ではないことを選手仲間に白状することになりますが、スペシャル・オリンピックスのチャンピオンであるジミーを打倒するという利害の一致により、スティーヴと仲間たちのあいだには次第に協調関係が生まれていきます。この協調関係をめぐる友情のストーリーが「不全」から「達成」への経過をともなうことは否めませんが、それは健常者のスティーヴが障害者の流儀を獲得していくという、いわば「逆さまのコード」にもとづくものであり、社会で絶対視されている健常者のコードに揺さぶりをかけるものともいえます。

スティーヴと選手仲間の食事中の会話シーンは、その象徴的な例といえるでしょう。スティーヴはテーブルの離れたところに置かれたケチャップを指して、選手仲間に「ケチャップとれる？(Could you pass the ketchup, please?)」と依頼します。しかし、その発言を聞いた選手仲間たちは、「「とれる」って聞いた。「とって」と言えばいいのに(You asked if I could pass the ketchup. You didn't ask if I would.)」と一笑に付します。スティーヴが怒りを込めて「ケチャップをとってくれ(If you would pass the ketchup, I would really appreciate it.)」と言い直すと、今度は話し方が豹変したとして演技を見破られてしまいます。つまり、健常者が好んで使用する婉曲表現が彼らのコードにおいては奇異なものとみなされ、批判の対象とされるのです。

同様に、スティーヴが健常者であることを選手仲間たちに白状するシーンにも、コミュニケーションの困難がつきまといます。スティーヴが一四分かけて説明した経緯は「難しすぎる」と一掃され、ついにはホワイトボードに図解しながら話すことになります。スティーヴが話すエピソードはあまりに長く、多くの要素を含むために、選手仲間たちの注意は散漫になってしまうわけですが、ここにも健常者が用いる話法やロジックをめぐるコードへの否定が示されるわけです。

ここで、これらのやりとりが笑いを誘う描写であることにも言及しておかなければなりません。[*15] 社会的な事象として笑いを捉えたとき、それが一種のコミュニケーション行為であることをふまえれば、そもそも笑いとはコードを前提とした営為だといえます。たとえば哲学者のアンリ・ベルクソンは、笑いが生じる背後に「(非)人間性」「客観性」「集団性」といった条件を見据えたうえで、笑いは笑いの対象となる物事(すなわち社会集団における「不適応」「こわばり」)に対する「矯正」の役割を担っていると指摘しています。

しなやかなもの、不断に変化するもの、生きているものに対するこわばったもの、出来合いのもの、機械的なもの、注意に対する放心、つまり自由活動に対する自動現象、要するにそれらが笑いの選り出すものであり、矯正しようとするものである。[*16]

これは言い換えれば、笑いがある社会における逸脱行為や逸脱者に対する制裁として機能することを示唆していますが、ある行為を逸脱的だとみなすためにはコードにもとづく「正しさ」が共有されている必要があり、笑いが「矯正」として作用することは笑いがコード(秩序や規範)の側にあることを意味しています。ベルクソンが「せむし」を笑いの対象の一例として持ち出すように、コードからの逸脱者とされる障害者はときに笑いの対象とされてきました。

しかし、『リンガー!替え玉★選手権』で笑いの対象となるのは健常者スティーヴの側であり、笑いをつうじて彼への違和が表明される過程は、まさに健常者中心社会とは別のコードの存在を提示する過程でもあるといえます。

ちなみに、物語世界の障害者コミュニティにおいてスティーヴは逸脱的存在となりますが、そのコミュニティをなす障害者にはじつに多様なキャラクター性が付与されており、観客の安易な共感を避けるかのように、意地悪さや小賢しさが描写されることもあります。ここには明らかに、一般的な障害表象が「不全」から「達成」へのプロセスを辿ることで「困難を克服する障害者」を描いてきたことや、それが観客に一定の「理解」を促そうとしてきたことへの疑義が示されています。

「不全」の継続が見せるもの

『リンガー！替え玉★選手権』の場合には、コミュニケーションの前提となるコードを反転させることで、「不全」を規定する社会のコードを相対化し、障害者に別のイメージを構築することが目指されていました。他方で、障害に何らかのイメージを付与したり、映画に描かれる障害者の気持ちが単純に「読解」されたりすること自体を回避しようと試みるような作品が存在します。その一例として、ここで『岬の兄妹』(二〇一八、片山慎三)を取り上げてみたいと思います。

当作品は「貧困」「障害」「性」「犯罪」「暴力」といった社会的テーマを赤裸々に語り、また過激

『岬の兄妹』　©SHINZO KATAYAMA

な描写を含むことから、「衝撃作」と評価する見方もあります。しかし、一般的な映画の障害表象が置かれてきた経緯をふまえればこそ、センセーショナリズムにもとづく消費に対抗しようとする当作品の「わかりにくさ」や「捉えにくさ」には、重要な意味が見い出せるように思います。[*17]

『岬の兄妹』という映画のタイトルが示すとおり、この物語の主人公はある港の集落に暮らす兄妹です。兄の良夫と自閉症の妹・真理子は細々と生活していますが、良夫が造船所の職を解雇されたことで二人は飢えた生活を強いられ、その困窮具合は家賃や電気代を払えないどころか、真理子が空腹にまかせてティッシュペーパーを食すほどです。兄妹間の関係において良夫は真理子の世話をする保護者的存在であるかにみえますが、良夫自身もまた足に障害を負っており、社会から孤立する二人が被差別的立場に置かれてきたことがうかがえます。

そのような状況のなか、良夫はうしろめたさを感じつつも真理子に売春をさせて生計を立てる道を選びます。売春斡旋という犯罪行為に手を染める兄妹は当然ながら逸脱性を帯びるといえますが、真理子が知的障害者であることを察しながら（ときには暗に罵りながら）買春を引き受ける客たちもまたある種の逸脱性を帯びており、喜びをわかちあうのでもなく、社会的な悪を咎めるのでもない、兄妹と買春客との宙づりのコミュニケーション（ある種の「不全」）は、社会的構造による産物とみることができます。[*18]

当作品の特徴は、語ることがタブー視されがちな障害女性をめぐる性の問題を扱っていることにも見い出せます。もしそれが「兄に売春を強要させられる妹」という構図に終始するものであるならば、真理子は被虐者の位置に徹することになるでしょう。しかし物語が複雑な様相をもつのは、真理子自身がそれを「冒険」と呼ぶように、彼女にとって売春行為が性（あるいは生）の喜びの発露にもなっている点です。良夫にとってそれは、真理子が性的な存在であったことに気づく契機にもなっています。物語中、「（真理子は）喜んでいる」「うれしがっている」という良夫のセリフが登場しますが、それはあくまで良夫による意味づけであり、真理子の態度は良夫ほど言語化されてはいません。真理子の喜びが良夫の言語をとおして明確化されることから、また、売春斡旋の主導権がしょせんは良夫にあることからも、真理子の行為は観客にとってつねに両義的であり続ける可能性を有しています。

さらに、ここには障害女性の性的快楽と自己決定権をめぐる議論に近い問題が含まれているとみることもできます。ここで飯野由里子による要点の整理を確認しておくことは、表象における障害女性の性を考える際にも示唆に富むでしょう。

だが、性や再生産をめぐる自己決定権と、性表現や性的快楽をめぐる権利をそれぞれ独立した権利として捉え、前者を性のネガティブな側面に、後者をポジティブな側面に振り分けるのは適切でない。むしろ、本章がここまで論じてきた性の権利の連動性をふまえると、前者抜きに後者を想像したり実現したりすることは不可能なのであり、この意味において両者は切り離し難い関係にある。「ホットでセクシーであることができる権利」を求める人たちにとってみれば、性暴力・性的被害に焦点をあてた議論は性の危険性ばかりを強調し、多くの障害者が自由な性表現を求めている日常から乖離しているように見えるのかもしれない。だが、彼ら／彼女らがそのように感じるとき、いったいどの障害者の日常が念頭に置かれているのだろうか。（中略）性暴力・性的被害は障害女性が日常的に直面する問題である。それらからの安全が確保されていない状況のまま、障害女性が（また、同様の暴力に直面している障害男性が）「ホットでセクシーであることができる権利」を想像したり語ったりすることは果たして可能だろうか。[*19]

むろん、真理子の行為は表象の次元に置かれたものですから、現実における性の権利の問題とは食い違う部分もあります。しかし上記の視点をふまえれば、(物語世界の人々にとっても観客にとっても)真理子の行為の意味を「決めかねる」ということが一つの選択肢になりうる可能性が浮上してきます。当作品には真理子の性をめぐるアンビヴァレントな状況をそのままに開示する側面があり、コミュニケーション行為の意味が中立的・客観的なものとしては確定できないことを示唆しているようにも思います。

『岬の兄妹』には、兄妹のほかにもう一人、重要な人物が登場します。真理子の買春客となる低身長症の青年です。売春の帰り道、真理子は笑いながら「小人」という言葉を発します。ただの一言ですが、その発言はすぐさま「真理子、そういうこと言っちゃだめ」という良夫の忠告によって否定されます。この良夫の態度が真の意味をもつのは、物語の終盤です。真理子は低身長症の青年と何度も会ううちに親しみを抱き、ついには彼の子どもを妊娠するのですが、兄心から結婚を頼みに行く良夫に対して、青年は「僕だったら真理ちゃんと結婚すると思ったの」と冷たくあしらいます。先の場面で真理子の「小人」という言葉に差別性を感じて諭した良夫が、じつは「小人」である彼を見くびり、潜在的に差別意識を向けていたことを露呈させるシーンです。[*20]

この顛末は、安易な「コミュニケーションの達成」の不可能性をあらわにするとともに、「良夫の青年に対するまなざし」と「観客の障害表象に対するまなざし」をオーバーラップさせるようでもあります。すなわち、「差別／被差別」あるいは「差別／非差別」という図式をめぐる不確定性が提示されるというわけです。

当作品の結末には、兄妹の明確な末路が示されることはありません。妊娠した身を案じて真理子のおなかにブロック塀を落とそうとする良夫でしたが、それもためらわれ、結局は真理子が貯金箱に貯めたお金を使い、中絶手術をすることになります（ここでもなお、真理子の性をめぐる自己決定の意志は不明瞭なままにされています）。その後に挿し込まれる手術シーンで、医師が「逃げないで」という静かな一言を発するのですが、この言葉が何を示唆するのかを確定することはできません。しかし深読みをすればこれは、処置における患者の身体動作を制御する以上の意味をもたないかもしれない「逃げないで」というセリフに、観客が別の意味を読みとろうとする（けれど、それが不確定である）こと自体を意識化させる、巧妙な一場面にも思えます。

作品最後の場面では、海辺にたたずむ真理子の後ろ姿が映されます。電話の音が鳴り、振り返った真理子の表情は微笑んでいるようにもそうでないようにもみえますが、ここでもまた、その意味を確定することは困難です。ハッピーエンドかバッドエンドかに割り切れない後味は、観客がコミュニケーションとして描かれる障害を観て、意味づけ、考察する行為そのものを、自問させる可能性をもつようにも思えます。

本章では、「スクリーンのなかの障害」をコミュニケーションという視座から捉え、コミュニケーションの問題として描かれる障害が「コミュニケーションの不全」から「コミュニケーションの達成」へというプロセスを辿るものである点に注目してきました。そこで描かれるコミュニケーションの意味は、「表象内部の次元」だけには還元できず、「鑑賞の次元」をつうじてあらわになるものであり、またときには「鑑賞を顧みる次元」へと後続しながら、複層的に形成されるものだと理解することができます。

最後にいまいちど、ルーマンのコミュニケーション観を想起すれば、やはり上記に示した考察自体が一つの「理解」であり、そこに障害を意味づける力が付随してしまう可能性を免れることはできません。しかし、映画に描かれるコミュニケーションが多様であれば、それだけ障害へ対峙する方法がひらかれるかもしれないように、本書の記述そのものもそれが読まれるという行為をつうじて、幾重にも連なる意味づけの過程に投げ込まれることがのぞまれます。

＊1　Paul Watzlawick, Janet Beavin Bavelas, & Don D. Jackson, *Pragmatics of Human Communication: A Study of Interactional Patterns, Pathologies and Paradoxes* (New York: Norton, 1967).

＊2　ヴィレム・フルッサー『テクノコードの誕生――コミュニケーション学序説』村上淳一訳、東京大学出版会、一九九七年、二頁。

＊3　フルッサーによれば、記号とは「何らかの了解によって別の現象を指すものとされている現象のこと」であり、コードとは「記号の操作を整序するシステムのこと」である、と説明されます。前掲、八七頁。

＊4　本章の議論は拙稿「映画における障害表象――コミュニケーションの問題として描写される障害」(『日本コミュニケーション研究』第四三巻第二、二〇一五年、一〇九－一二四頁)をもとに、大幅な加筆をおこなったものです。

＊5　「コミュニケーションをめぐる障害」といったとき、それはかならずしも「コミュニケーション障害」を指すわけではありません。通常、「コミュニケーション障害」とは言葉の障害の一種を意味し、その症状が「他のどんな疾病からも切り離して考えられる」場合を指すとされますが(ロラン・ダノン＝ボワロー『子どものコミュニケーション障害』加藤義信・井川真由美訳、白水社、二〇〇七年、四二頁)、当作品ではメリックの身体的な障害に起因するスティグマの結果として引き起こされていたコミュニケーションへの消極性が、まるで知的・言語的な障害であるかのように周囲の人々から捉えられている点に注目する必要があります。

＊6　作中でカジモド自身は「耳は聞こえんが手振りで話ができる」と述べていますが、カジモドとエズメラルドのコミュニケーションは手振りによって仲立ちされるというよりも、カジモドが発話できることに大きく依拠しているようにみえます。あるいは、もし手振りがコミュニケーションに役立っているとしても、それはエズメラルドにとって既存の言語コードの補助として捉えられているらしいという点で、コミュニケーションにおけ

る言語優位の状況は保持されているとみなすことができます。

＊7 グレゴリー・ベイトソン『精神の生態学 改訂第2版』佐藤良明訳、新思索社、二〇〇〇年、二六一頁。

＊8 アーヴィング・ゴッフマン『儀礼としての相互行為〈新訳版〉――対面行動の社会学』浅野敏夫訳、法政大学出版局、二〇〇二年、一四八頁。

＊9 土屋葉「「真実の感動物語」を読み解く」倉本智明編著『手招くフリーク――文化と表現の障害学』生活書院、二〇一〇年、三八頁。

＊10 ルーマン自身が議論のなかで持ち出しているように、移転メタファーの代表的なコミュニケーション観としてクロード・E・シャノンとウォーレン・ウィーバーによる「機械モデル（シャノンとウィーバーのモデル）」(Claude E. Shannon, Warren Weaver, *The mathematical theory of communication*, *Urbana* (IL: The University of Illinois Press, 1949)）があげられます。機械モデルでは人間のコミュニケーションを電話（機械）によるコミュニケーションになぞらえ、発信者から受信者へとメッセージが直線的に届くことを理想とし、その過程で生じるノイズをいかに削減するかということが重要視されています。しかし当然ながら、人間のコミュニケーションは直線的とはいえず、ノイズに満ちたものであることから、その後のコミュニケーション論において機械モデルには多くの批判が寄せられるようになります。

＊11 ニクラス・ルーマン『社会システム理論（上）』佐藤勉監訳、恒星社厚生閣、一九九三年、二二一頁。

＊12 前掲、二二四－二二五頁。

＊13 映画に描かれる障害者について、ファレリー兄弟の弟ボビー・ファレリー自身は、インタビューのなかで「彼らは自分たちが映画から完全に排除されていること。または登場しても〝味気のないイイ人〟といった平面的な形でしか描かれないことに不満を持っている。そこには本来あるはずの人間らしさが、まったくない」と語

っています（シネマトゥデイ「下ネタ、障害者ジョーク…タブーに挑むファレリー兄弟、ホントの狙い!?」二〇〇八年、https://www.cinematoday.jp/news/N0016058（二〇二四年一〇月一六日閲覧、原文ママ）。

*14 主人公のおかれている「障害者を演じる」という状況は、従来の映画が実践してきた「健常者の俳優が障害者の役柄を演じる」という状況への揶揄とも受けとることができます。

*15 障害者と笑いの関係については、拙著『障害者と笑い——障害をめぐるコミュニケーションを拓く』（新曜社、二〇一八年）のなかで詳しく論じています。

*16 アンリ・ベルクソン『笑い』林達夫訳、岩波文庫、一九七六年、一二二頁。

*17 ただし、当作品は悲壮感に覆いつくされているわけではありません。物語のふとした場面には、笑える描写や喜劇的要素も散りばめられています。

*18 『岬の兄妹』が描くこのような社会状況を、現実味がないとして批判する意見もあります。現に当作品のレビューには、生活保護などによる救済措置がとられていない点を不整合だとして、社会問題を提起するには不十分だというコメントも散見されます。しかし、現実との不整合を理由に当作品が描くテーマを一掃する態度は、映画鑑賞をめぐる「わからなさ」や「理解のしがたさ」に目をつぶるための免罪符になるとも考えられます。映画鑑賞における「つじつま合わせ」への固執は、障害の「理解」をめぐる不寛容さとも相つうずる点があるかもしれません。

*19 飯野由里子「第3章　性の権利は障害者の味方か?」飯野・星加・西倉『「社会」を扱う新たなモード』一二七－一二八頁。

*20 このシーンの重要性については、監督の片山慎三自身がインタビューのなかで以下のように指摘しています。「良夫も差別されてきた人間なのに、この局面では差別する側に回る。ほとんど無意識に。だから、［中村］祐

太郎君［低身長症の青年を演じた当事者俳優の名前］の台詞で世界の見え方が逆転するというか、映画を観ている人にもグサッと刺さるものがあるかなと」（森直人（取材・文）「2019年最初の衝撃作、すでに公開中！　片山慎三、現る!!　interview「岬の兄妹」片山慎三［監督・脚本・製作・プロデューサー・編集］　みんなの感情を操作する。自分の映画で揺さぶりたい。」『キネマ旬報』一八〇五号、二〇一九年、一四五頁、［　］は筆者による）。

第4章

視覚的・聴覚的に再現される障害

「聞こえないこと」はいかに表象されうるのか

ときに映画は観客に対して、登場人物への感情移入を促したり、登場人物の置かれた状況を疑似体験させたりします。物語の設定やストーリー展開がそのための一翼を担っていることはたしかですが、観客の鑑賞行為においてより具体的に作用するのが、映像構成や音響効果による仕掛けです。主観ショットと呼ばれる技法が、そのわかりやすい一例でしょう。

主観ショットとは特定の登場人物が見ているであろう主観的な光景をスクリーンに映し出すことで、それを観る観客に登場人物と同一的な視覚を体験させるような映像を指します。では、映画における聴覚的次元、すなわち「音」についてはどうでしょうか。

音による同一化

じつは映像における「視点」と同じように、音についても「聴取点」という考え方が存在します。主観ショットがそうであるように、登場人物の主観性を再現しようとするのが主観的聴取点によるサウンドです。

主観的聴取点のサウンドを理解するための好例として、電話による会話の場面をあげることができます。ふつう電話というメディアを介した音は、受話器を耳に当てている通話者にしか聞こえません。ですから、電話で会話をしている場所に居合わせたとしても、受話器の向こう側で通話相手が発する言葉は、（ハンズフリー通話を選択しないかぎり）周りの人が聞き知ることはできないはずです。しかし映画作品では、受話器をもつ人物にだけ聞こえるはずの声が、観客にも聞こえるように音声化されることがよくあります。これはまさに主観的聴取点によるサウンド表現であり、その登場人物が聞くのと同じように音を聴取するという体験をとおして、主観的な認識が再現されるというわけです。反対に、サウンドが誰かの主観性を再現するわけではない場合、それは客観的聴取点による表現だということになります。

このように聴取点の問題は、音がどのように表現されているのかに着目することで、その作品が観客に何を促しているのかを考える視座になりえます。他方で聴取点の問題は、何も「聞こえること」だけを対象とするのではなく、「聞こえないこと」がどのように表現されるのかという議論にも及ぶはずです。そこで本章では、障害を扱う映画のうち、とりわけろうや難聴などの聴覚障害をめぐる「聞こえないこと」がいかに表象され、それをつうじて障害がいかに再現されうるのか（あるいは再現されえないのか）を検討してみたいと思います。

ただし、ここで先に留意しておきたいのは、「聞こえないこと」をめぐる音の表象が音響だけを対象とする独立的な問題としては議論できないということです。というのも、映画はつねにスクリーンをとおして視覚的に表象されるものであり、そこにあらわれる音だけを映像から切り離して意味づけることはできないからです。映画における音と映像の相互関係については多くの論者が指摘するところですが、以下では一例として、映画理論家のデイヴィッド・ボードウェルとクリスティン・トンプソンによる言説を参照してみましょう。

音が何らかの視覚的要素に対する手がかり《キュー》となり、その手がかりがその要素を予期させ、観客の注意をそこに引き付けると考えれば、音の可能性はさらに広がる。たとえば、部屋にいる男性のクロースアップを目にしているときに、ドアがきしんで開く音が聞こえてくるとしよう。もし次のショットが、ドアが開いたところを示せば、観客の注意はおそらくそのドア、すなわち、一つ前のショットでオフスクリーンの音源だったものに向けられるだろう。しかし、もし次のショットが、ドアが閉じているところを示せば、観客その音をどのように解釈したらいいか考え込んでしまうことだろう（ひょっとして、結局、それはドアの音ではなかったのか）。このように、サウンド・トラックは、映像の出来事をはっきりさせたり、それに矛盾したり、あるいは、曖昧にしたりすることができるのである。どの場合でも、サウンド・トラックは、映像トラックに盛んにかかわることができるのだ。*1

たしかに聴取点の問題を考える際には、音と映像の関係性を考慮する必要があります。上記の指摘は、音（「聞こえること」）と映像（「見えること」）の関係についてのものですが、それは無音（「聞こえないこと」）と映像（「見えること」）の関係についても同様です。無音のサウンドによってろう者や難聴者の主観的聴取点を表現する作品は複数存在しますが、ろう者の家族とコーダの子どもを描いた『コーダ　あいのうた』の一場面も、そのわかりやすい例に数えることができます。

障害の再現をめぐる問題性

作品のあらすじについては本書の冒頭で触れたとおりですが、当作品では「声」が重要なテーマの一つをなしています。主人公のルビーはコーダとして家族の手話通訳を担う存在ですが、高校で入部した合唱クラブで「歌うこと」の楽しみを見い出し、将来の進路選択に葛藤を抱えています。物語をめぐって、いわば（声を介さない）手話言語と（声を介して発揮される）歌唱行為が対照的に位置づけられているわけですが、ここで取り上げたいのは、「聞こえないこと」がルビーの両親（ろう者）の主観的聴取点によって再現されるシーンです。

『コーダ あいのうた』 ©2020 VENDOME PICTURES LLC, PATHE FILMS

じつは当作品において、主観的聴取点を用いた「聞こえないこと」の再現がみられるのはこのシーンのみなのですが、観客の聴取をともなって主観的に再現が試みられているという点で、それは「聞こえること」と「聞こえないこと」の隔たりを示す決定的な場面として位置づけることができます。

件のシーンが描かれるのはルビーの合唱発表会での出来事です。舞台上で歌うルビーの姿を客席から眺める両親には、当然のことながらその歌声は聞こえていません。発表会がはじまり一心にルビーを見つめる両親ですが、舞台と客席の物理的距離から唇を読むこともできず、リズムがあわない手拍子を送ったり、曲の途中で雑談をはじめたりする様子には、彼らが音や声を前提とした「歌う／聴く」という行為から取り残されていることがうかがえます。直前のシーンでは客観的聴取点が採用されていますが、発表会の終盤に差し掛かると突如、主観的聴取点による「聞こえないこと」の再現が提示されます。それまで（映画の観客に）聞こえていたはずのルビーの歌声はフェードアウトし、それと同時に、舞台上のルビーを捉える映像が徐々にぼやけていきます。無音の状態が続くのはわずか一分のあいだですが、そのあいだ、映画の観客は両親の聴取に同一化することになります。

ここで確認しておかなければならないのは、なぜこの無音状態が主観的聴取点のサウンドであるといえるのかという点です。（やや無茶な解釈ではありますが）見方によっては、この無音状態が両親の主観的聴取点の再現ではなく、会場の機材トラブルで音声が聞こえなくなったとか、会場全体の音を喪失させる魔法がかけられたとか考えることもできなくはないかもしれません。それでもこのシーンが両親の主観的聴取点の再現だといえる理由は、既述のように、音と映像の相互関係による意味づけが介在しているからです。

次頁の表1[*2]を手がかりに、ここでの音と映像の相互関係をもう少し詳しくみておきましょう。客観的聴取点から両親の主観的聴取点へと移行するのはカット3ですが、その直前のカット2では舞台上をみつめる両親の顔が映されていること、また、カット3が両親の後頭部越しのショット

	音	映像
カット1 (1:26:14)	ルビーの歌声	舞台上のルビーとマイルズ（ルビーの友人） 「You're All I Need To Get By」を歌う
カット2 (1:26:19)	ルビーの歌声	客席の両親 舞台上を見つめる
カット3 (1:26:22)	ルビーの歌声 途中から歌声が フェードアウトする	舞台上のルビーとマイルズ （両親の後頭部越しショット） 途中から舞台上の二人の姿がぼやける
カット4 (1:26:34)	無音	客席の両親 周りの観客を見まわす
カット5 (1:26:38)	無音	舞台上のルビーとマイルズ （マイルズの肩越しショット） 見つめあって歌う
カット6 (1:26:41)	無音	舞台上のルビーとマイルズ （ルビーの肩越しショット） 見つめあって歌う
カット7 (1:26:44)	無音	舞台上のルビーとマイルズ （マイルズの肩越しショット） 見つめあって歌う
カット8 (1:26:47)	無音	客席の両親 周りの観客を見まわす
カット9 (1:26:50)	無音	周りの観客 にこやかに舞台を見つめる
カット10 (1:26:53)	無音	客席の両親 周りの観客を見まわす
カット11 (1:26:55)	無音	周りの観客 うなずきながら舞台を見つめる
カット12 (1:26:59)	無音	客席の両親 舞台を見つめてほほえむ母と、隣に視線を送る父
カット13 (1:27:02)	無音	隣の客席のレオ（兄）とガーティー（ルビーの友人） 舞台上を見つめる
カット14 (1:27:07)	無音	客席の両親 手話で「泣いている」と伝える母と、周りの観客に視線を送る父
カット15 (1:27:10)	無音	周りの観客 涙を流しながら舞台を見つめる
カット16 (1:27:14)	無音	客席の両親 周りの観客を見まわし、舞台上に視線を戻す
カット17 (1:27:18)	無音	舞台上のルビーとマイルズ 見つめあって歌い終える
カット18 (1:27:25)	無音	客席の両親 周囲の観客の拍手に気づき、両親も拍手を送る
カット19 (1:27:29)	拍手と歓声	舞台上のルビーとマイルズ
カット20 (1:27:31)	拍手と歓声	客席の観客 拍手を送る
カット21 (1:27:34)	拍手と歓声 ガーティー「ルビー！」	客席のレオ、ガーティーと両親 立ち上がって拍手を送る
カット22 (1:27:40)	拍手と歓声	舞台上のルビーとマイルズ ほほえみ肩を組む
カット23 (1:27:45)	拍手と歓声	客席の両親 拍手を送る

表1　『コーダ あいのうた』：「聞こえないこと」の再現をめぐる音と映像の関係

であることから、カット3で映される舞台上のルビーとマイルズの姿が両親の見つめる視線の先に結ばれた光景と重なることが示唆されます。この視覚的な主観性の提示により、それと貼りあわされた聴取点についても両親の主観性の再現であることが推察され、（映画の観客にとっては）突如訪れる無音の状態が両親の置かれ続けている聴覚状況の再現であると認識できるわけです。

さらに無音状態が持続するあいだにも、舞台上や客席の光景をあらわすカットのあいだに両親の顔の映像が挟み込まれることで、その光景が両親の主観ショットであると示唆されます。このように、そのシーンにおける「聞こえないこと」の主観的再現は、両親の視点と聴取点の双方を組み込むことによって、観客による両親への同一化を促すものであると考えられます。

しかし、このシーンだけを根拠として、「主観的聴取点の採用によって、聴者の観客もろう者の気持ちを疑似体験することができる」と称賛するのは、あまりに無邪気な感想に思えます。というのも、ここで観客が無音状態を無音であると認識できるのは、その前後に置かれた有音状態からの反転がもたらす結果であり、主観的聴取点を介した「聞こえないこと」の再現は、（いわば作品の「地の文」をなす）客観的聴取点のサウンドをはじめから織り込んだものだといわざるをえないからです。これは「聞こえないこと」の主観的再現をめぐる無音のサウンドにかぎらず、ボードウェルとトンプソンが指摘するように、映画における音と無音の関係によっても理解できます。

さらに、音によって無音に新しい価値が生まれる。作品中にもの静かな小道が映し出されると、ほとんど耐え難いほどの緊張感が生まれ、観客はスクリーンに集中せざるを得なくなり、次に聞こえる音を、それが何であれ、予期しながら待つこととなる。ちょうどカラー映画が登場したことによって、白黒が色遣いの一つになったのと同じように、音が使用されるようになったことで無音を利用する可能性が加わったのだ。[*3]

こうした無音と有音の関係をふまえれば、ある場面で「聞こえないこと」がどれほど主観的に再現されるようにみえても、その再現は作品全体において（観客に）「聞かれること」を土台に展開されるものであり、一見すると忠実にみえる「障害の再現」も、結局のところは聴者の聴覚に支えられた鑑賞体験をつうじてなしうる、というある種の矛盾を回避することはできません。

むろん、それが再現であるかぎり、このような矛盾はかならずしも批判されるべきものではないかもしれませんが、主観性の強調が上記の事実を後景化する点には注意が必要です。『コーダ　あいのうた』の主観的聴取点による表現の問題点として、音の喪失が「何もないこと」を意味し、ろう者が「見ること」によって多くの情報を得ている現実を軽視することにつながるおそれや、[*4]「音楽を楽しめない」という決めつけが生じるおそれ[*5]などが指摘されてきたことも、そうした観点から検討することができるでしょう。

さらに、上記にあげた『コーダ　あいのうた』の主観的聴取点による「聞こえないこと」の再現シーンは、当作品がそれまでの展開において採用してきた聴取点のあり方からみても不可解な点を含みます。『コーダ』というタイトルが示すように、物語の主人公はコーダのルビーであり、当作品には視覚的にも聴覚的にもルビーの主観性を再現するシーンが見受けられます。加えて、当作品は全編に様々な楽曲を散りばめることで、歌うことをつうじて変わっていくルビーの成長ストーリーを、歌によって表現するという構造を有しています。そのため、物語のなかで流れる音楽は重要な意味をもちますが、そうした挿入歌は映画のバックミュージックをなすと同時に、しばしばルビーの主観的聴取点とも重ねあわされているのです。

たとえば当作品の冒頭で流れる楽曲「Something's Got a Hold on Me」は、ルビーの歌声と映画のバックミュージックを重ねあわせながら聴取点を移行させる好例です。このシーンのはじめ、ルビーは家業の漁を手伝いながら歌を口ずさんでいますが、ルビーが漁船に置いてあるスピーカーのボタンを連打すると、彼女の歌声の背後に聞こえていた「Something's Got a Hold on Me」の音量が大きくなります。ここではまず、この曲がルビーの主観的聴取点と重ねられるわけですが、ルビーが口ずさむのをやめ、漁船から降りた後も曲は（観客に対して）流れ続け、やがて映画のバックミュージックへと移行していきます。

別のシーンでも、ルビーが寝起きに自室で流す楽曲「I Fought the Law」に関して、まったく同様の仕掛けがみられます。早朝、ルビーが目覚まし時計をとめた後、枕元にあるスピーカーをつけると、それと同時に「I Fought the Law」が流れはじめます。この曲はルビーが自室での準備を終え、漁に出るあいだも流れ続け、やがてルビーの主観から映画のバックミュージックへと移行していきます（この場面の冒頭、ルビーの目覚まし時計をとめる動作と目覚まし時計の音が対応していることから、主観的聴取点は「I Fought the Law」が流れる直前からすでに持続しているともいえます）。

逆に、映画のバックミュージックがルビーの主観的聴取点のサウンドへと移行する例として、イヤホンをめぐる聴取の同期があげられます。学校の帰り道、ルビーはイヤホンをしながら自転車を走らせていますが、その映像には楽曲「You're All I Need to Get By」の音声が重ねあわされています。ルビーが漁港につきイヤホンを外すと曲の音がかぎりなく小さくなることから、その時点でそれがルビーの主観的聴取点によるものであったと観客に開示されるという仕組みです。

当作品では音楽を用いた主観的聴取点の提示にかぎらず、環境音をめぐるサウンドや、主観ショットの利用、ストーリーの視点に至るまで、随所にルビーとの同一化を促すような構図がみてとれます。それを考えれば、先にあげた両親の聴取をめぐる「聞こえないこと」の主観的再現はやや唐突にも感じられ、ルビーを介して作品への感情移入を促されていたこととの不整合にある種の戸惑いを生じさせる可能性も含んでいるといえます。

安易に同一化できない再現

ともあれ、上記の事例をとおして、「聞こえないこと」をめぐる聴取点の問題が、映像との関係性や、「聞こえること」との関係性によって提示されるものである点を確認してきました。『コーダ　あいのうた』の場合には、断続的な一場面として「聞こえないこと」の再現が用いられており、それは当作品の共生的な色調とも足並みをそろえるシーンになりえていたわけですが、以下にはそれと少々趣向の異なる二つの作品を取り上げてみたいと思います。

まず取り上げるのは、『サウンド・オブ・メタル　～聞こえるということ～』（二〇一九、ダリウス・マーダー）です。これは難聴を発症した主人公ルーベンの苦悩を描いた映画ですが、聴覚障害を扱った近年の作品として、しばしば『コーダ　あいのうた』と対比的に論じられることもあります。[*6]

二〇二一年度の第九三回アカデミー賞で音響賞と編集賞を受賞したとおり、当作品は「聞こえない

『サウンド・オブ・メタル ～聞こえるということ～』 ©2020 Sound of Metal, LLC. All Rights Reserved.

こと」の聴覚的表象に特色をもち、ルーベンの主観性に重点を置きながら、難聴へと至るまでの「聞こえること／聞こえないこと」の過程を丁寧に描いています。

メタルバンドのドラマーを務めるルーベンは各地を巡業する生活を送っていましたが、ある日突然、急速な聴覚の衰えにみまわれます。ルーベンは失聴した現状を受け入れられずに取り乱しますが、恋人のルーの勧めで聴覚障害者の支援コミュニティに入ることを決心します。はじめはコミュニティに馴染めないルーベンでしたが、リーダーであるジョーをはじめ、コミュニティにおける人々との関係構築をつうじて、少しずつ安定を取り戻していきます。

ルーベンは聴覚障害者のコミュニティにおいて自らの新たなアイデンティティを築いたかにみえましたが、結局のところ、聴者社会に戻ることをあきらめきれずに、コミュニティを抜け出して人工内耳手術を受ける選択をします。しかし手術によって以前のような聴覚を取り戻すことはできず、ルーベンの聴覚はかえって不快な騒音にさらされることになります。人工内耳手術の後、ジョーはルーベンに「難聴はハンデではなく治すものではない」と語りかけますが、その言葉が象徴するように、当作品は「聞こえないこと」をめぐるアイデンティティの物語を中心として、手話コミュニティと人工内耳手術のあいだに置かれたルーベンの不安定な心の揺れをつぶさに描いています。ちなみにタイトルの『サウンド・オブ・メタル』とは、メタルバンドが奏でる音を指すと同時に、人工内耳手術をめぐる不快な金属音を示唆してもいます。

当作品ではルーベンの「聞こえない」状況を表現するために主観的聴取点を用いたシーンが多用されていますが、その映像と音響の構成は巧妙です。『コーダ　あいのうた』では、主観的聴取点による無音状態が再現されるあいだ、いわば観客は「聞こえないこと」に同一化することを余儀なくされる状況に置かれていました。一方『サウンド・オブ・メタル　～聞こえるということ～』では、主観的聴取点と客観的聴取点が入り組みながらルーベンの「聞こえないこと」（あるいは、わずかに「聞こえること」）を再現する方法がとられ、観客は「ルーベンの主観性」と「（ルーベンとは乖離した）映画のサウンド」とを縫い合わせながら、「聞こえないこと」の再現を読むことになります。

ルーベンの主観性にもとづく「聞こえないこと」の表現は、一見すれば、ルーベンへの同一化を促すことにもなりえますが、主観的聴取点と客観的聴取点がめまぐるしく切り替わることで、観客はつねに映画鑑賞行為を遂行する自身の聴覚性から浮遊することを禁じられているようにもみえます。既述のように、当作品における聴取点の問題がルーベンのアイデンティティの揺らぎと結びついていることをふまえ、それを象徴するいくつかのシーンを具体的に確認してみたいと思います。

一つ目は聴覚を失った直後に、ルーベンが薬局を訪れるシーンです。ルーベンはカウンター越しに薬剤師とやりとりをしますが、薬剤師の発した言葉をうまく聞き取ることができません。この場面では、動揺するルーベンの状況を察し、薬剤師が電話で病院にアポイントメントを取りつけるまでのいきさつが描写されています。

ここで、ルーベンの失われた聴覚（じっさいには、わずかにしか聞こえない聴覚）は主観的聴取点によって再現されますが、その際のサウンドは、まるで水中にいるような「くぐもった音」をなしています。観客がこのサウンドの「不鮮明さ」を確信できるのは、その前後に配置されたサウンドの「鮮明さ」によると考えることができます。

加えて、この音をめぐる「不鮮明さ」と「鮮明さ」の転換が、主観的聴取点と客観的聴取点のスイッチングによるものだとの理解は、音と貼りあわされた映像を参照することによって可能になります。というのも、主観的聴取点によるサウンドが示されるカット（カット1、3、5）では、音が不鮮明であるがゆえに、それが薬剤師の発した言葉なのか、環境音なのか、ルーベン自身の耳鳴

	音	映像
カット1 (0:12:59)	判別できない音がわずかに聞こえる(水中にいるようなくぐもった音)	レジカウンターの前に立つルーベン レジカウンターのなかで電話をする薬剤師 (ルーベンの横顔のクロースアップショットから、カメラがルーベンの背後に回り込むと、後頭部越しに薬剤師の姿がみえる)
カット2 (0:13:13)	薬剤師「10段階の2程度しか聞こえていません。私とも会話できない。ええ」(鮮明な音声)	額に手を当ててうろつくルーベン レジカウンターのなかで電話をする薬剤師 (遠方からの店内のショット)
カット3 (0:13:24)	判別できない音がわずかに聞こえる(水中にいるようなくぐもった音)	レジ付近をうろつくルーベン ルーベンに何かを話しかける薬剤師 (ルーベンの横顔のクロースアップから、カメラがルーベンの背後に回り込むと、肩越しに薬剤師の姿がみえる)
カット4 (0:13:50)	ペンを走らせる音 ルーベン「医者に会えと?」/薬剤師「すぐ診られるそうです。すぐに」/ルーベン「今?」(鮮明な音声)	記入した用紙をルーベンにみせる薬剤師 (真横からのツーショット)
カット5 (0:14:04)	判別できない音がわずかに聞こえる(水中にいるようなくぐもった音)	紙を受けとって店を出るルーベン (ルーベンの手元のクロースアップから、ルーベンの顔へのティルト)

表2 『サウンド・オブ・メタル ～聞こえるということ～』:「聞こえないこと」の再現をめぐる音と映像の関係①

りなのかを判別することはできず、もし音だけを抽出するのであれば(じっさいにそのようなことはできませんが)、その前後に配置された客観的聴取点によるサウンドが示されるカット(カット2、4)とのやりとりに連続性を見い出すのが難しくなるからです。しかし、これらのサウンドは映像と貼りあわされていることで、継続する一繋ぎの時間上を流れる映像の展開が、主観的聴取点による不鮮明なサウンドの意味をいわば穴埋めするような役割を担っているといえるでしょう。

付け加えれば、そこで参照される映像のうち、聴取点の主体となるルーベンの顔のクロースアップはことさら重要な意味をもちます。というのも、顔のクロースアップによって捉えられた表情（違和や困惑を示すようなルーベンの顔）が聴覚的に再現される「聞こえないこと」の指標になるからです。表2にあるとおり、ここでは主観的聴取点を示すカット（カット1、3、5）がルーベンの横顔のクロースアップからはじまることで（ただしカット5においては、ルーベンの手元のクロースアップにそれが託されています）、観客はある種の規則性をふまえながら聴取点の主観性と客観性のスイッチングを受け入れることができるというわけです。

聴取点の問題をめぐる顔のクロースアップの役割については、映画研究者で作曲家のミシェル・シオンが「垂直モンタージュ」における音と映像の関係を論じるなかで指摘しているとおりです。シオンは音が自律的なものではなく、映像によって条件づけられることを強調していますが、顔のクロースアップはその有効な手段の一つと考えられます。[*7]

一九四八年にエイゼンシュテインが残した「音を立てるブーツの表象から分離されたそのブーツの音を、その音に不安気に聴き耳を立てる男の映像に重ね合わせた」例を見てみよう。

『十月』のこの例をエイゼンシュテインはいみじくも、「垂直モンタージュ」と名付け、音と映像の関係の典型として推奨した。ところで、そのシーンの効果全体は、この場合、映像が、それ自体はほとんど劇的性格を欠いている音を、人物の（主観的な）聴取点を介してわれわれに聞かせることに発している——一方で、その音源をフレーム外に追いやり、他方で、その音を注意深げな顔のクローズアップに結びつけている。この場合、音の「自律性」はあるだろうか。それはいささかも自律的とは言えない、なぜなら、その音が録音された段階ではいまだ誰の聴取点でもなかったからだ。まさにその顔のクローズアップこそが、「垂直モンタージュ」こそが音に意味を与えているのだ。（中略）
逆に、エイゼンシュテインの「垂直モンタージュ」はしばしば音の自律の例として引き合いに出されるが、実のところ、そこで問題とされているのは何よりも、見えるものによって完全に条件付けられた聴取点なのだ。これを実験することは極めて簡単だ。例のクレチョフ効果にならって、無表情の顔のクローズアップを可能な限り雑多な音と組み合わせてみればよい。これらの音はみな、その男の聴取点で捉えられているかのように見えるだろうし、反対に、その顔の表情はそこで聴き取られる音を介して「解釈」されることになろう。[*8]

上記のシーン以外でも『サウンド・オブ・メタル　～聞こえるということ～』には、ルーベンの顔のクロースアップが、「聞こえないこと」を示す主観的聴取点のサウンドと関連づけられるシーンが散見されます。たとえば、ルーベンが人工内耳手術を終えた後、音の聞こえを調整するために病院を訪れるシーンでは、ルーベンの顔のクロースアップが長時間に渡って採用されています。[*9] おそらくルーベンは聴覚が戻ることを期待していたはずですが、人工内耳をとおして聞こえる音は機械的な不鮮明さを纏っており、その音世界に戸惑うルーベンの様子が描写されています。医師とルーベンが会話を交わしながら音の聞こえを調整するあいだ、その音声はルーベンの主観的聴取点をつうじたサウンドとして継続的に立ち現れます。一方の映像は、ルーベンの顔のクロースアップと会話相手である医師の顔のクロースアップの切り返しショットにより構成されます。

こうした切り返しショットにおいて通常、顔のクロースアップは双方（あるいはいずれか）の視点ショットを構成する一部とみることができます。しかしここでは映像に対して、「聞こえること／聞こえないこと」を強調するようなサウンドが重なることで、顔のクロースアップが視覚的機能（後続する映像が視野の再現であることの根拠として、視野の主体が前後のカットで映されること）以上に、聴覚的機能（そこで示されるサウンドが主観的聴取点の再現であることの根拠として、顔の映像が「聞く主体／聞こえない主体」をあらわすこと）にとって重要な役割を負うと理解することができます。

ときおり眉をしかめたり目を泳がせたりするルーベンの戸惑いの表情は、まさにその主観的聴取点のサウンドを意味づけるわけですが、音と映像の相互関係を想起するならば、主観的聴取点のサウンドがルーベンの表情の指標として機能していると捉えることもできるでしょう。

「聞こえないこと」の主観的再現をめぐって、『サウンド・オブ・メタル　~聞こえるということ~』にはもう一つ確認しておきたいシーンが存在します。ルーベンが自らサウンドプロセッサを外すことで、人工内耳による音世界の喧騒と決別し、静寂に身をゆだねる、という映画のラストシーンです。このシーンは、その前段で支援コミュニティのリーダーであるジョーがルーベンに語りかける言葉――「静寂こそ心の平穏を得られる場所」「その場所は決して君を見捨てない」――とも重なります。

上記のうち、もっとも重要な意味をもつカット7では、サウンドプロセッサを外すルーベンの動作と、聞こえていた音が途切れることによって突如訪れた無音が、映像と音の同期性をともなって現れます。このカット7はルーベンの聴覚状況（「聞こえにくいこと＝不鮮明な音声」から「聞こえないこと＝無音」への変化）をめぐっても、また、ルーベンのアイデンティティ（「聴者社会に自らをつなぎとめるために、人工内耳に意味を見い出そうとしてきたこと」から「静寂な音世界を選択し、おそらくは自らをろうコミュニティに位置づけていくであろうこと」への変化）をめぐっても、大きな転換

	音	映像
カット1 (1:54:17)	人の話し声、足音などの環境音（機械的で不鮮明な音）	道端で遊ぶ子ども （固定ショット）
カット2 (1:54:23)	人の話し声などの環境音（機械的で不鮮明な音）	あたりを眺めるルーベン （顔のクロースアップショット）
カット3 (1:54:30)	人の話し声、足音などの環境音（機械的で不鮮明な音）	公園を走る大勢の子ども （固定ショット）
カット4 (1:54:37)	人の話し声、車の走行音などの環境音（機械的で不鮮明な音）	ベンチに座るルーベンの後ろ姿 その奥には、走行する車や歩く人の姿 （後ろ姿のミディアムショット、右から左へのパン）
カット5 (1:54:52)	鐘の音（機械的で不鮮明な音）	あたりを眺めるルーベン （顔のクロースアップショット）
カット6 (1:54:55)	鐘の音（機械的で不鮮明な音）	教会の塔 （固定ショット）
カット7 (1:54:59)	鐘の音（機械的で不鮮明な音） 音が途切れ、無音になる	上方を見上げるルーベン （顔のクロースアップショット） 帽子を脱ぎ、装着していたサウンドプロセッサを外す その後、上方を見上げる
カット8 (1:55:17)	無音	教会の塔 （固定ショット）
カット9 (1:55:22)	無音	上方を見上げるルーベン その後、視線を泳がせる （顔のクロースアップショット）
カット10 (1:55:30)	無音	道端で遊ぶ子ども （固定ショット）
カット11 (1:55:35)	無音	あたりを眺めるルーベン その後、上を見上げる （顔のクロースアップショット）
カット12 (1:55:40)	無音	空から差し込む木漏れ日と二つの飛行機雲 （固定ショット）
カット13 (1:55:52)	無音	あたりを眺めるルーベン ゆっくりと瞬きをする （顔のクロースアップショット）

表3 『サウンド・オブ・メタル ～聞こえるということ～』：「聞こえないこと」の再現をめぐる音と映像の関係②

点となるわけですが、その転換点はシーンを構成する一連のカットの規則性によって一層際立っているともいえます。表3をみれば容易に理解できるように、上記のシーンでもまた、ルーベンの顔のクロースアップ（カット2、5、7、9、11、13）は「聞こえにくいこと／聞こえないこと」の主観性を示す指標として機能しています。

それに加えて注目すべきは、ルーベンの顔のクロースアップのあいだに配置されたカット（カット1、3、4、6、8、10、12）が、ルーベンの主観的聴取点にもとづくサウンド（子どもの声、車の走行音、教会の鐘の音）の発信源となる対象（子ども、車、教会）を指し示すカットであるという点です。カット7の転換点を境にして、その前後で同型のカットが用いられていることから（たとえば、カット1と10、カット6と8）、ルーベンの世界に存在する同じ対象物がプロセッサを外すことで別の音世界を纏いはじめたのだと理解されます。さらにカット12については、木漏れ日が触覚性と結びつく記号であることから、ルーベンが聴覚ではなく触覚によって世界を認知しはじめたことが示唆されるともいえます。

ところで、作品上で音の発信源がいかに証明されうるのかは映画にとって難しい問題です。それがルーベンの聞いている（聞こえていない）音であることの証明は、音源となる対象物（教会）と音（鐘の音）をめぐる観客の経験的接続にゆだねられる面もありますが、ここでは「聴取点サウンド

（ルーベンが聞く鐘の音）」が「サウンドの発信源（教会）」と「聴取の主体（ルーベンの顔）」という（視覚的に認知される）二つの支えをともなって三項関係をなし、聴覚的認知と視覚的認知の複合として立ち現れることを強調しておきたいと思います。

さておき、ルーベンの主観的聴取点は上記のシーン全体をとおして維持されていますが、物語の前半では「聞こえること」（鮮明な音声）と「聞こえにくいこと」（不鮮明な音声）の対比が利用されていたのに対して、ラストシーンとなる上記の展開では「聞こえにくいこと」（不鮮明な音声）と「聞こえないこと」（無音）の対比が利用されています。上記のシーンだけをみれば、それは（『コーダ　あいのうた』の無音シーンのように）観客に「聞こえないこと」への同一化を課すものにもみえます。しかし、当作品が「聞こえること／聞こえにくいこと／聞こえないこと」を意図的に反復して渡り歩く構造を内包していたことをふまえれば、それは作品表象の全体性のなかで意味づけられるべきものであり、観客自身の聴覚性を意識にのぼらせるような複雑な意図を含んでいたと考えることができます。

「聞こえること」をつうじた「聞こえないこと」へのアプローチ

ここまで、『コーダ　あいのうた』と『サウンド・オブ・メタル　～聞こえるということ～』という二つの作品をとおして主観的聴取点による「聞こえないこと」の再現についてみてきました。無音が「聞こえないこと」の主観的表現であるとき、それは（無）音と同期された映像や、前後のカットとの連なりによって規定されますが、そうした障害の再現が視聴者に何を読みとらせようとするのかは、作品全体をとおして示される視点ショットや聴取点サウンドのあり方にも関連しているといえます。他方で、「聞こえないこと」をテーマの一要素に含みながらも、主観的聴取点によるサウンド表現をまったく用いない作品が存在します。それが、実在する聴覚障害者のボクサー小笠原恵子をモデルとして描いた『ケイコ　目を澄ませて』（二〇二二、三宅唱）です。

ケイコは生まれつきの難聴で両耳の聴力がありませんが、下町のボクシングジムに所属し、会長やトレーナーと練習に励んでいます。プロボクサーとして試合を重ねるケイコでしたが、ある日ジムの閉鎖が決まり、鬱屈とした気持ちを抱えることになります。

聴覚障害はケイコという人物のアイデンティティを形作る要素の一つですが、当作品の特徴は障害というテーマを前景化させず、ケイコという人物を淡々と描いている点にあるといえるでしょう。作中でケイコが発する「勝手に人の心読まないで」という言葉は、安易な共感を好まないケイコの人物像や、観客による表面的な理解を回避する作品のスタンスそのものを象徴するようでもありま

『ケイコ 目を澄ませて』 ©2022 映画「ケイコ 目を澄ませて」製作委員会／COMME DES CINÉMAS

す。それをあらわすように、当作品ではケイコの主観的聴取点によるサウンドが一度も用いられず、「聞こえないこと」の容易な疑似体験が明らかに回避されています。[*10]

他方で、「聞こえないこと」の描写としては矛盾するようにもみえますが、当作品にはケイコには聞こえていないはずの環境音や生活音の強調が見られます。それは、精神科医の斎藤環が「同一化と無関係の感情移入」という言葉であらわしているように、[*11]「音を聞くこと」をつうじて「聞こえないこと」に意識を向けさせるような聴覚的な仕掛けともいえます。

ここでは、『ケイコ　目を澄ませて』におけるケイコの聴覚への非同一化を示す象徴的なシーンとして、物語の終盤に置かれた「日記の音読シーン」を取り上げてみたいと思います。物語のなかで、ケイコは日々の練習内容を中心とした出来事を日記としてノートに書きとめています。日記は感情を表に出さないケイコの心境が、唯一吐露される場であると理解することができます。ケイコがペンを走らせ何かを書きとめる姿は物語の冒頭から幾度か描写されていますが、その内容がはじめて開示されるのが、この「日記の音読シーン」です。ただし、この音読というのはケイコによる音読ではありません。

この日、ケイコは病に倒れたボクシングジムの会長を見舞うために、会長が入院している病室を訪れます。眠っている会長の横でケイコが日記を書いていると、会長の妻である千春がやってきて「それみせてもらっていい？」と声をかけます。千春が手渡されたノートに目を走らせると同時に、映画のサウンドは日記に書かれた言葉――「12月25日、ロードワーク10キロ。今日は川がとても臭かった。サボればよかったと思ったが、途中からどうでもよくなった。ジムで会長とミット打ち。一度会長が転んだ。顔がムキになっていた。笑いそうになったが我慢した。我慢は大事だ。……」――を辿りはじめることになります。

では、この日記を音読しているのは誰かといえば、それは映像との関係から、またサウンドの声色から、日記の読み手である千春だと判断することができます。ただし、音読の開始時点における映像は、たしかに日記に目を走らせる千春の顔を捉えてはいるものの、千春の口元は音読内容に対して完全にリップシンクしているわけではなく、わずかに口元を動かした後、千春の口は動かなくなります。つまり厳密にいえば、ここでのサウンドは音読の声といえますが、千春の行為は黙読であり、その双方からこれが千春の「内面的な声」であることがわかります（そのため、このシーンは「日記の黙読シーン」と呼ぶこともできるでしょうが、ここではあくまでサウンドに着目する意味で「日記の音読シーン」と呼びます）。

もしここで日記を音読する「内面的な声」にケイコの声があてられていたならば、それは無音を利用した「聞こえないこと」の表現と同様に、ケイコの主観性を再現するわかりやすい場面になっていたはずです。しかし、ここではあえて千春の声が日記（ケイコが思考し、書きつけた言葉）を音読するのであって、ケイコの内面の表現が複雑な様相をおびていることが理解されます。

さてここで、このシーンのサウンドが担う意味を考えるために、聴取点を論じるための枠組みをいまいちど整理しておきたいと思います。はじめに、映画のサウンドをめぐる大まかな区分を把握するためにボードウェルとトンプソンによる説明を参照しておきましょう。

音は、物語世界（ストーリー空間の内部）の音であるか、非物語世界（ストーリー空間の外部）の音であるかのどちらかである。物語世界の音であれば、それはオンスクリーンの音かオフスクリーンの音かのどちらかであり、内面的(主観的)な音か外面的(客観的)な音かのどちらかである。[*12]

上記の説明ではまず、「物語世界の音」と「非物語世界の音」が大別されます。ボードウェルとトンプソンによれば、「物語世界の音」が物語世界のなかに音源がある音であるのに対して、「非物語世界の音」とは物語世界の外部にある音源を指します。たとえば後者として、場面を強調する映画音楽やナレーション(音楽を奏でるオーケストラやナレーターは物語世界には位置していません)などがあげられます。

前者の「物語世界の音」については、さらに「オンスクリーンの音」と「オフスクリーンの音」に分けられます。「オンスクリーンの音」と「オフスクリーンの音」は、すなわち、その音源がフレーム内にあるかフレーム外にあるかによって区別することができます。例をあげれば、映像に映る人物が話す音声は「オンスクリーンの音」ですが、映像に映る人物とは別の人物が話す音声や、画面の外で扉が開く音など(映像には映されていないけれどたしかにその物語世界の出来事と捉えられるような音)は「オフスクリーンの音」ということになります。さらに「物語世界の音」は「内面的(主観的)な音」と「外面的(客観的)な音」によっても区別することができ、前者が登場人物の心のなかに起因する音を指すのに対して、後者は物語のシーン内に物理的な音源がある音を指すとされます。[*13]

上記の区分をふまえれば、本章の議論で取り上げてきた主観的聴取点によるサウンドは「内面的（主観的）な音」の位置づけと重なることになりますが、主観的なサウンドをめぐっては、映画研究者の山本祐輝がより明確な議論を提示しています。

映画のサウンドトラックはつねに何らかの聴取点によって捉えられたものである。それは物語世界の空間性を再現するものと、登場人物の主観性を再現するものの二つに大別される。さらに本稿は、後者を三つに分類することを提案した。すなわち、登場人物がその外側から発せられた音を聴く〈知覚的聴取点〉と、内側において想像した音を聴く〈心的聴取点〉、両者が二重に作用する〈複合的聴取点〉である。[*14]

ここでの「知覚的聴取点」と「心的聴取点」はボードウェルとトンプソンによる議論をふまえたものですが、山本によれば、それらは「いずれも登場人物が聴く音を提示したものであるが、その音源が物語世界内の空間と聴く主体の内面のどちらにあるか――登場人物の内と外のどちらから聞こえているのか――によって区別することができる」と説明されます。[*15] 他方で、「複合的聴取点」とは「登場人物の耳で捉えられた音でありながら、フラットにそれが感受されるのではなく、その人物の精神状態に応じて聞こえ方に変化がもたらされる状況」を意味しています。[*16]

これらをふまえると、先にあげた「日記の音読シーン」における千春の声はどのような位置づけにあるのでしょうか。既述のとおり、このシーンで千春の声はじっさいには発せられておらず、それは千春の「内面的な声」となって千春にだけ聞かれる声であるわけですから、「登場人物の主観性を再現する音」であり、なおかつ「心的聴取点」をとるサウンドだと考えることができます。しかし興味深いことに、千春の内なる声として出発したサウンドは、このシーンの結び（日記の最後の文面である「……ジムを閉めるなんて、やはり信じられない。受け入れがたい。許せない」の音読）で、「心的聴取点」から「知覚的聴取点」へとスライドすることになります。日記の最後の文面を読むとき、千春の口元の動きは日記の言葉とリップシンクしており、それは映像が示す行為としても（黙読ではなく）音読として捉えることができます。なおかつ、これは千春の独り言として発せられた声ではなく、その映像（千春の傍らで音読に耳を傾け、静かにほほえむ会長の顔のバストアップの挿入）から、病室にいる会長にケイコの日記を読み聞かせる声であったことがわかります。

すなわち、その声は会長の主観的聴取を示す「知覚的聴取点」へと帰結されるわけです。ただし、この聴取点の移行はなめらかにおこなわれるわけではなく、千春の音読がリップシンクをともなう直前に、その流れを断続するいくつかのカットが挟み込まれています。それらの意味を考えるために、ここで日記を音読する千春の声と貼りあわされた映像面についても確認しておく必要があるでしょう。

この日記の音読シーンは五分以上続きますが、そのあいだ、映像はケイコのこれまでの日々（練習をこなす姿や、弟と会話する様子など、日常的なやりとり）の回想をあらわす情景を映し出しています。ただしこの回想映像が映し出す情景は、かならずしも日記の文面の内容とは一致しません。こうした時間の複層性については後述するとして、ここでは回想映像をともなうこの音読シーンがケイコの内的独白としての側面を有している点を理解することが重要です。音読の声が千春の主観的サウンドでありながら、日記の書き手がケイコであるという事実によって、音読される言葉にはケイコの主観性もが介在するのであって、それはいわば二重化された内的独白と捉えることもできるわけです。フェミニスト映画研究者のメアリ・アン・ドーンは、映画における内的独白の声と身体の関係について以下のように指摘しています。

身体は、フラッシュバックの間のヴォイス・オーヴァーの使用に対してばかりでなく、内的独白の使用に対しても目に見えない支持物として機能する。フラッシュバックにおけるヴォイス・オーヴァーは身体との関係において声を時間的にずらしてしまうけれども、声は多くの場合、物語の完結の一形態として、身体に返される。さらに、ヴォイス・オーヴァーは非常に多くの場合、単に物語を開始するだけであり、その後は同調された会話に取って代わられ、物語世界が「自ら語る」に任せるのである。(中略)

これに対して内的独白においては、声と身体とが同時に表象されるが、しかしその声は、身体の延長であるどころか、身体の内層を明らかにする。声は映像には接近不可能なもの、可視なるものを超えたもの、すなわち登場人物の「内面生活」を明らかにするのである。ここでは声は内面性の特権的なしるしであり、身体を「裏返し」にする。*17

ドーンによれば、内的独白の声は身体と同時に表象されるものでありながら、映像が可視的には捉えられない内面性を提示するものであり、その意味で身体的次元を超過すると考えられるわけですが、上記の「日記の音読シーン」では、そもそも内的独白をめぐる言葉(ケイコの言葉)と声(千春の声)の関係が二重化されているために、そこでの声(ケイコの言葉を含む千春の声)と身体(日記を読む千春の身体、回想シーンに示されるケイコの身体)の関係がよりいっそう非延長的なものとして受けとめられます。

ここであらためて千春の「心的聴取点」が会長の「知覚的聴取点」へと帰結することに話を戻しましょう。会長の「知覚的聴取点」が示されるシーンを迎えるまで、日記の音読には回想映像が重ねられていたわけですが、この聴取点の移行に差し掛かる直前、音読（あるいは回想）を断続させるようないくつかのカットが挟まれるのです。以下の表4は、「日記の音読シーン」のうち「心的聴取点」から「知覚的聴取点」への移行に関連するカットを抜き出したものです。

当シーンの冒頭から続いていた千春の声を示すサウンドは、「3月10日、雨。ロード10キロ、シャドー5ラウンド、サンドバッグ3ラウンド。ずっと目を開けていると、乾いてきて涙が出そうになる。集中すること。相手を殺す気でやらないと負ける」と読みあげたところ（カット2）で突如、千春の心的聴取点から解放され、それまで消されていたはずの環境音に取って代わられます。このとき映像は、ケイコがジムのトレーナーである松本と打ち合い練習をするカット（カット3）へと切り替わり、ミットを打つ音やケイコの呼吸音などが聞こえてくる代わりに、千春の声は途端に鳴りを潜めるのです（カット4、カット5）。続く二つのカット（カット6、カット7）でも、ジムの鏡を磨くケイコの姿に雨音の環境音が重ねられています。

その後、カットは病室にいる千春と会長へと切り替わり（カット8）、サウンドは「3月17日、

	音	映像
カット1 (1:23:37)	(千春の声)「3月10日、雨。ロード――」 ギターの弾き語り音楽	夜、アパートの前で踊っているケイコとハナ(ケイコの弟・聖司の友人) (ハナのミディアムショットからケイコへパン)
カット2 (1:23:49)	(千春の声)「――10キロ、シャドー5ラウンド、サンドバッグ3ラウンド。ずっと目を開けていると、乾いてきて涙が出そうになる。集中すること。相手を殺す気でやらないと負ける」 カットのおわりでミットを打つ音が聞こえ、それと同時にギターの弾き語り音楽はフェードアウトする	明け方の高速道路を行き交う車の風景、そのふもとを走る一人の人物 (エクストリームロングショット)
カット3 (1:24:04)	ミットを打つ音 ケイコ「シュッ」	松本(トレーナー)とジムで打ち合い練習をするケイコ (横からのミディアムショット)
カット4 (1:24:10)	ミットを打つ音 ケイコ「シュッ」	松本とジムで打ち合い練習をするケイコ (松本の肩越しにケイコを捉えたショット)
カット5 (1:24:17)	ミットを打つ音 ケイコ「シュッ」 松本「はっ!うぃー!おー、ははは」	松本とジムで打ち合い練習をするケイコ (横からのミディアムショット)
カット6 (1:24:50)	雨音、雑巾で鏡を磨く音	ジムの鏡を磨くケイコ 一度後ろを振り向く (横からのミディアムショット)
カット7 (1:25:08)	雨音、雑巾で鏡を磨く音 千春「3月17日、木曜日、曇り。ロード――」	ジムの鏡を磨くケイコ (後ろ姿のフルショット)
カット8 (1:25:19)	千春「――10キロ、ミット5ラウンド、ロープ2ラウンド、シャドー3ラウンド、ウィービングトレーニング2ラウンド」 雨音	病室で日記を音読する千春 それをベッドの上で聞いている会長 (会長越しに千春を捉えたツーショット)
カット9 (1:25:27)	千春「ガードの特訓。ジムを閉めるなんて、やはり信じられない。受け入れがたい――」 雨音	千春が手にもつ日記 (日記と手のクロースアップショット)
カット10 (1:25:35)	千春「――許せない」 雨音	ベッドの上で一点を見つめ、その後目をそらす会長 (顔のクロースアップショット)

表4 『ケイコ 目を澄ませて』:「日記の音読シーン」をめぐる音と映像の関係

木曜日、曇り。ロード10キロ、ミット5ラウンド、ロープ2ラウンド、シャドー3ラウンド、ウィービングトレーニング2ラウンド、ガードの特訓。ジムを閉めるなんて、やはり信じられない。受け入れがたい。許せない」という日記の最後の文面を音読する千春の声へと戻っていきます。ただし上記に抽出したカット間で、サウンドはカットの切り替わりと同時に開始されるのではなく、わずかに直前のシーンにかぶさるサウンド・ブリッジ*18の形をとっています（たとえばカット2から3、カット7から8）。

音読の合間に挟み込まれたカット（カット3〜7）はおそらく重要な意味をもちます。何よりもまずそれが客観的聴取点によるサウンドであることに着目すると、この「日記の音読シーン」は主観的聴取点（「心的聴取点」）→客観的聴取点→主観的聴取点（「知覚的聴取点」）というサウンド的経緯を辿ることがみえてきます。それは「勝手に人の心読まないで」と述べたケイコの思いに寄り添うように、このシーンがケイコの「内的な声」に迫るものでありながら、その「内的な声」が誰かの声を経由し、複数の聴取点を渡ることでしか、到達できないものであることを（観客に）示唆しているようです。

上記に加えて、このカットの挿入が、音読シーンをめぐる時間的な複層性をあらわにする、という点についても指摘する必要がありそうです。この音読シーンには回想を示す映像があてられていますが、その回想映像に映し出される情景が日記の文面内容と一致していないことは、すでに指摘したとおりです。つまり、まず「日記が読まれている時間」（サウンドが示す時間）と「回想される時間」（映像が示す時間）にずれが生じているということです。加えて、音読が途切れるあいだのカット（カット3〜7）では、さらに時間の特定が困難になります。直前の回想シーンから続くカットであることを考えれば、これらのカットもまた過去の回想と受けとることができるでしょう。しかしそのカットのサウンドは、環境音をともなう客観的聴取点へと突如移行することから、カットの連なりには時間的な隔たりが生じるようにも捉えられます。

とはいえ、その環境音が直前のカット（カット2）にかぶさりながらサウンド・ブリッジされていることで、これは回想映像の続きと考えられなくもありません。加えて、日記を音読する千春の声へと移行するカットのつながり（カット7から8）では、雨音と千春の声のサウンド・ブリッジによって、これらが回想映像なのか現在の時間に属するカットなのか、再び特定不能となります。他方で、中断をまたぐ音読の声（カット1とカット7）は、読まれる日記の文面（「3月10日」と「3月17日」という記載日時の関係）上、時間的な連なりを読みとることができるため、千春の音読自体は開始から結びまでさほどの隔たりを有していないと推察されます（とはいえ、日記を読みはじめたカットでは窓の外が明るかったのに対して、会長に読み聞かせる結びのカットでは窓の外が暗くなっています)。

さらに解釈の難しさを含んでいる要素の一つに、音読シーンにともなう回想映像の途中から流れる「ギターの弾き語り音楽」があります。じつのところ、これはケイコの弟である聖司の弾き語りであることが監督自身によって明かされていますが、そうした事情を知らない観客にとっては映画のバックミュージックとして受けとられる可能性も十分にあります(音読シーンの途中で弾き語りが開始された直後に、聖司がギターをつま弾くカットが短く挿入されており、この音楽と関連づけられないこともありませんが、観客がその映像をサウンドの音源だと理解できる可能性は低いと思われます)。この「ギターの弾き語り音楽」は千春による音読の声とともに重層的に提示され、(その音楽が主観的聴取点によるものと解されるにせよ、客観的聴取点によるものと解されるにせよ)シーンにおける声と聴取の複層性と時間の複層性に拍車をかける仕掛けになりうるといえるでしょう。

このように、ケイコの日記を千春が音読するという上記のシーンは一見不可解にも感じられますが、それは「日記を書く主体としてのケイコ/日記を読む主体としての千春/日記を聞く主体としての会長」といった複数の主体をあえて介在させつつ、また、複層的な時間を渡り歩きつつ、映像とサウンドによって、観客がケイコの内面に(決して安易な同化ではなく)迂回しながら触れることにつながると捉えることができます。あらためて、それは(観客の)「聞こえること」をとおして

（ケイコの）「聞こえないこと」を理解する、という当作品の立場を想起させるものでもあります。

本章では、映画のなかでろうや難聴などの聴覚障害をめぐる「聞こえないこと」がいかに表象され、その表象をつうじて、障害がいかに再現されうるのか（あるいは再現されえないのか）を検討してきました。とりわけ主観的聴取点のサウンド（無音）を用いた「聞こえないこと」の再現は、観客に対してある種の同一化を促す仕掛けとなりえますが、それは音と映像が織りなす関係や、無音と有音の反転的関係をふまえた作用として効果をもたらしています。すなわちそこでの障害表象は、あくまでスクリーンをつうじた「聴くこと」と「観ること」、「聞こえること」と「聞こえないこと」の関係から立ち現れるものであり、その意味で、主観的な「障害の再現」にみえるものも、じっさいには観客の聴覚体験を前提とするものであることを忘れるわけにはいきません。

障害表象をめぐる議論は、しばしばストーリーや登場人物の設定を社会的に読み解く、というスタンスに徹してきた感があります。しかし、本章の議論が示すように、映画におけるサウンドや映像にまつわる分析視点を導入することで、それは観客の鑑賞行為の次元を含めた考察へと展開できる余地のあるものだと理解することができるでしょう。

＊1　デイヴィッド・ボードウェル、クリスティン・トンプソン『フィルム・アート——映画芸術入門』藤木秀朗監訳、飯岡詩朗・板倉史明・北野圭介・北村洋・笹川慶子訳、名古屋大学出版会、二〇〇七年、三三一頁。

＊2　表では便宜上、音と映像の項目を分けて記載していますが、作品として両者は分かちがたく結びついており、それらを独立的に抽出することは本来適切でないといえます。

＊3　ボードウェル、トンプソン『フィルム・アート』三三一-三三三頁。

＊4　Jenna Fischtrom Beacom, "CODA Review" (2021) https://jennafischtrombea.com/2021/08/13/coda-review/ (2024/10/16).

＊5　長門洋平「三宅唱、あるいは映画における手話の聴覚性について」『ユリイカ　詩と批評——特集　三宅唱』第五四巻第一四号、二〇二二年、一一四-一二五頁。

＊6　MXU「映画の中の障害者（第1回）「コーダ　あいのうた」「サウンド・オブ・メタル」」（二〇二二年）https://shohgaisha.com/column/grown_up_detail?id=2460（二〇二四年一〇月一六日閲覧）。

＊7　山本祐輝はシオンの議論に対して、「顔のクロースアップが映っていれば、そのとき聞こえる音のすべてが聴取点サウンドになるというわけではないように思われる」と指摘しています（「映画における聴取点の理論構築に向けて——ウォルター・マーチの「隠喩的サウンド」と聴覚の表象」『映像学』第一〇七号、二〇二二年、一一〇頁）。山本によれば、顔のクロースアップに加えて「極端な音量やクロース・マイキングなどを通じて前景化された音」、すなわち「音響的なクロースアップ」という条件が提示されていますが、それは本章が取り上げている「聞こえないこと」の再現をめぐる音についてもあてはまるでしょう。

＊8　ミシェル・シオン『映画にとって音とはなにか』川竹英克・ジョジアーヌ・ピノン訳、勁草書房、一九九三年、六九-七〇頁。

＊9　人工内耳はインプラントを体内に埋め込み、サウンドプロセッサを体外に装着することにより、電気信号に変換した音を神経から脳に伝える仕組みです。インプラントを埋め込む手術だけで聞こえが戻るわけではなく、その後二週間から四週間のあいだサウンドプロセッサを装着し、「音入れ」と呼ばれる調整をおこなうことで、はじめて音が聞こえるようになります。ただし、その聞こえは手術前の聴覚と完全に一致するものではありません。

＊10　この点について監督の三宅唱は、インタビュー記事のなかで以下のように述べています。「リサーチの際にさまざまな方にお会いしましたが、恥ずかしながら生まれてはじめて、自分が聴者であることを自覚し、音の聞こえ方に普段以上に意識が向きました。非当事者である自分がこの仕事を全うするには、まずはその感覚から出発するほかありませんでした。そこで、サウンド面では〝聞こえる〟ということを聴者の観客に意識してもらえたらと思いました。ケイコとのズレを常に感じ続けることが重要だろうと考えたんです。そして、ズレているとしても、ケイコとともに過ごせる。それを描くのが本作の目的でした」。常川拓也（取材・文）「三宅唱［監督］インタビュー　どこか見えない部分がこの人物あるいは世界にはある。それを映画で、ほんの少しだけ明かしたい」『キネマ旬報』一九一一号、二〇二二年、三〇頁。

＊11　斎藤環「映画のまなざし転移　第129回　物語からプロセスへ」『キネマ旬報』一九一三号、二〇二三年、一〇二頁。

＊12　ボードウェル、トンプソン『フィルム・アート』三五〇頁。

＊13　前掲、三四八－三五〇頁。

＊14　山本「映画における聴取点の理論構築に向けて」一一六頁。

＊15　前掲、一一三頁。

＊16　前掲、同頁。

＊17　メアリ・アン・ドーン「映画における声——身体と空間の分節」松田英男訳、岩本憲児・武田潔・斉藤綾子編『「新」映画理論集成②——知覚／表象／読解』フィルムアート社、一九九九年、三一八頁。

＊18　これは「映像のフラッシュバック」（あるいは「サウンド・フラッシュフォワード」）や「映像のフラッシュフォワード」（あるいは「サウンド・フラッシュバック」）と理解することも可能ですが、長門洋平の議論にならって「サウンド・ブリッジ」と呼ぶことにします。長門は「時空間の異なる複数のショットをまたいで流れる、物語世界の音」が、広い意味で「サウンド・ブリッジ」と呼びうるものであることを指摘していますが（『映画音響論——溝口健二映画を聴く』みすず書房、二〇一四年、三一頁）、上記の音読シーンでは映像と音の関係をめぐる時間的関係が特定不能であることからも「サウンド・ブリッジ」という呼称を用います。

第5章 身体的に演じられる障害

障害のリアリティはいかに評価されうるのか

本書におけるこれまでの議論では、スクリーンのなかで障害者がどのように描かれてきたのか、という表象の問題と、観客がそれをどのように知覚しうるのか、という観客の視線の問題を主に扱ってきました。むろん、「スクリーンのなかの障害」というテーマに関する様々な問題を網羅的に扱うには至りませんが、本書のおわりに位置する本章では、近年、映画の障害表象をめぐって盛んに言及されるようになった一つの視座について、試論的に取り上げておく必要があります。それが、「障害を演じること」をめぐるリアリティ(あるいはフィクショナリティ)の問題です。この問題をめぐって想起されるのは、「障害者の役を障害者の俳優に」という論点でしょう。たとえば二〇二二年の第九四回アカデミー賞では、『コーダ　あいのうた』に出演したろう者の俳優であるトロイ・コッツァーが助演男優賞を受賞したことで、障害をめぐるキャスティングの問題がますます明るみに出るようになったともいえます。

「障害者の役を障害者の俳優に」という論点がこれほどまでに強調されるようになった背景には、長らく映画という芸術文化が障害者の俳優にキャスティングの機会をひらいてこなかった、という経緯があります。障害者をめぐる撮影環境に物理的な障壁が生じていたり、コミュニケーションの手段が確保されていなかったり、といった課題はよく指摘されることですが、それが改善されない状況には現場が障害者のキャスティングのためにコストを払おうとしないという経済的な制約も関与しています。そうした状況を受けて、障害当事者の俳優たちに権利を認めようという動きが生じるのは当然のことであり、それは社会的にみても意義のある意識転換といえるでしょう。

その意義を認めたうえで、しかし本章では、「障害を演じること」をあえて権利の問題とは別の論点から捉える視座に立ってみたいと思います。すなわち、「障害を演じること」をめぐってしばしば提起される、「リアリティがある／リアリティがない」といった論点です。

あらかじめ強調しておきたいのは、以下の議論が「誰が障害者を演じるべきか」といった是非を問うものではないということです。そうではなく、「障害者を演じること」に対して「リアリティがある／リアリティがない」といった論点が持ち出されるとき、その評価は何にもとづくものなのか、より具体的にいえば、そうした問いを監督の意志や演者の力量に還元するのではなく、映画を受けとる観客の意識の問題として（解明するには至らないまでも）整理することが本章の目的です。このような観点からの検討は結局のところ、「障害者が障害者を演じること」が制約されている現状を問う視点に行きつくものであり、その意味で「障害を演じること」を権利の問題として議論する立場と、アプローチは異なれど、目指す方向としては合流可能な側面をもつとも考えられます。

フィクションの境界と「破れ目」

まず大前提として確認しておきたいのは、「障害者の役を障害者の俳優に」という議論が取り沙汰されるようになった現在においても、（とりわけ日本の）映画作品では依然として「健常者が障害者を演じる」という状況が維持されていることです。これに対して、一部の障害当事者からは疑義が呈されています。その疑義をなす中心的な主張は、「障害者を演じる健常者の演技」が障害当事者からみると実態からかけ離れたものであり、そうした障害の描写を観客が鵜呑みにした場合、誤った障害理解を招いたり、その理解が障害者に新たな障壁を生じさせたりするのではないか、というものです。つまり、そうした障害者表象は健常者が思い描く一方的な障害者像を提起するものであり、作品自体に障害というテーマが打ち出されていたとしても、それは多様性を装うための仕掛けとして利用されたものにすぎない、という批判を呼び起こすことすらあります。

しかし一方で、多くの観客はそうした議論が生じていること自体に無関心であるともいえます。というのも、映画を観る観客の大半は健常者であり、たとえそこに描かれる障害者が実態とかけ離れたものであったとしても、それに気づかず、違和感を抱かない可能性が高いからです。[*1] それと同時に、違和感を抱かない人々からあげられる見解として想定されるのが、「障害を演じることに多少の齟齬が含まれていたとしても、それは演技やフィクション（あくまで作られたもの）として許容されるべきではないのか」という意見です。そうした意見は、じっさいに製作者の側でも維持されてきたといいます。

ろう者の役に聴者をキャスティングする理由の大半は経済的な問題であり、結果として差別構造の再生産となっている。できる限りネームバリューのある人を使いたいということに加え、ろう者をキャスティングし手話通訳を入れることを、現場の負担増と考えている。ただし、そうした本音を隠すために「俳優であればどんな役でもできるはずだ」「難役への挑戦」といった聞こえのいい演技論を聴者の作り手も受け手も利用してきたし、また「ろう者の俳優がいないから」とろう者側の問題にされてきました。[*2]

この指摘は、『LOVE LIFE』（二〇二二）においてろう者の俳優・砂田アトムを起用した監督の深田晃司によるものですが[*3]、とくに注目したいのは、「健常者が障害者を演じること」が「俳優であればどんな役でもできるはず」という俳優の演技性や、映画作品そのもののフィクション性によって担保されうるとみなされてきたという点です。

たしかに「それはあくまで演技である」という留保は、フィクション作品全般にかかわる前提であり、それによって観客は表象と現実や、演じられた役と演じる俳優を隔てる境界の存在を承知しています。しかしフィクションの境界は確固たるものではなく、何かの拍子に「破れ目」が生じることもあるように思います。つまり、映画を観る観客が「あまりにお粗末な演技だ」とか、「こんな設定はありえない」といった感覚を強く抱いた場合、「それはあくまで演技である」といった差し止めが機能しなくなる可能性があるわけです。これは映画理論家のクリスチャン・メッツが映画の情動的充足をめぐって「映画的不快感」と呼ぶ状況とも重なります。

いかなる心的行程をへて生み出されるにせよ、映画《フィルム》的不快感というものは確かに存在している。どうみても、ある観客たちは、ある映画が好きになれないのである。フィクション映画というものは、原則として観客の幻想を楽しませるはずであるのに、幻想を逆なですることもありえるのだ。たとえば、スクリーンに映しだされた主人公たちが、まさかこんな顔でこんな背丈だとは想像もしていなかったと考える観客がいても、かれにはそれを描き直すべは与えられていないのである。また、ストーリーが自分の望んでいたような展開を示さないことにひそかないらだちを覚えることもある。《こんな風になるとは思っていなかった》というわけだ。（中略）この映画は気に入らなかった。だって、終わりかたがひどすぎるから。ついていけないから。酷すぎるから。かわいそすぎるから……とまあこんな具合である。[*4]

上記の文面は観客による素朴な感想を書き連ねたものにもみえますが、メッツが指摘するように、映画はいつでも観客を充足させるものではなく、ときに「観客の想像力の流れに逆らうといった現象」[*5]をもたらすことを考えるためには、わかりやすい記述といえます。しかし、もう少し理論的に、「演じる行為」及び「観客がそれを観る行為」をめぐって生じる意識的な境界の生成過程（あるいは消滅過程）を確認する必要がありそうです。

（ごっこ）遊びと「偽／真」

「演じる行為」について考えてみるとき、多くの論者が指摘するように、それは「遊び」、とりわけ「ごっこ遊び」との関連において捉えてみることができます。ごっこ遊びとは何かを「真似る」「再現する」という行為を含むわけですから、それはおのずと「演じる行為」と重なりをもちます。

ごっこ遊びについて確認するまえに、ここではまず「そもそも遊びとは何か」という包括的な視点を獲得しておきましょう。[*6] 社会学者であるロジェ・カイヨワの議論によれば、遊びには参与者による規則順守の意識が深く関与しています。

すべて遊びは規則の体系である。規則は、何が遊びであり何が遊びでないか、すなわち、許されるものと禁じられるものとを決定する。この取りきめは恣意的であり、同時に強制的であり、決定的である。それは、いかなる口実があろうと破られてはならない。もし破られるなら、遊びは即座に終わり、違犯という事実そのものによって破壊されてしまうのだ。なぜなら、遊ぼうという欲望、つまり遊びの規則を守ろうという意志によってだけ、規則は維持されているからである。「遊びを遊ぶ」か、それともはじめから遊ばないか、どちらかなのだ。[*7]

当然のことにも思えますが、遊びには規則（取り決めやルール）があり、その規則が参与者によって維持されるかぎりにおいて遊びは存続できるというわけです。それはグレゴリー・ベイトソンが示した「これは遊びだ（This is play）」という短い言辞にもつうじます。ベイトソンもまた、参与者が「これは遊びだ」という意識を保持することで遊びが成立することを指摘しています。[*8] 言い換えれば、遊びには参与者の合意的意識によって打ち立てられた「境界」が存在し、その境界が破られないかぎりにおいて、人々は遊びを続けうるのだ、ということになります。

この「遊びの境界」をめぐる議論は「マジックサークル」概念として知られ、遊び論においても重要な位置を担っていますが、その発端は歴史家であるヨハン・ホイジンガの遊び論にみることができます。

闘技場、トランプ卓、魔術の円陣《マジックサークル》、神殿、舞台、スクリーン、法廷、これらはどれも形式、機能からすれば、遊び場である。それはその領域だけに特殊な、そこにだけ固有な、種々の規則の力に司られた、祓められた場であり、周囲からは隔離され、垣で囲われて聖化された世界である。現実から切り離され、それだけで完結しているある行為のために捧げられた世界、日常世界の内部にとくに設けられた一時的な世界なのである。[*9]

ホイジンガはマジックサークルを遊びの聖域の一例としてあげていますが、後にゲームデザイナーのケイティ・サレンとエリック・ジマーマンによってゲーム研究の領域で展開されるマジックサークル概念では、それが遊びを取り囲む境界のモチーフ、すなわち「時間と空間においてゲームを定義している境界もしくは枠[*10]」として捉えられています。

ごく基本的な意味で、ゲームの魔法円とは、ゲームが行われる場のことである。つまり、ゲームで遊ぶということは、その魔法円に踏み入るということだ。あるいは、ゲームが始まるとそこに魔法円が生み出される。そうしたゲームの魔法円は、ボードゲームのボードやアスレチック競技の競技場のように、物理的な要素を具えていることもある。他方で、そうした物理的な境界のないゲームも多々ある。例えば、腕相撲は特別な場所や道具など、ほとんど何も必要としない。一人か複数の人が遊ぼうと思い立ったら、それだけでゲームが始まる。[*11]

ここで指摘されるように、マジックサークル（「魔法円」）はかならずしも物理的境界とはかぎらず、参与者の意志によって出現するという点が重要です。この点について、さらにサレンとジマーマンは、哲学者のバーナード・スーツによる「楽しもうとする心構え」という造語に依拠する形で、次のように言及しています。

ところで、「Ludoとは、ラテン語で遊び（play）を意味し、Lusoryは『ホモ・ルーデンス』

のLudensと根を同じくする。楽しもうとする心構え（Lusory attitude）とは、ゲームのプレイヤーが、これからゲームを始めようというときに求められる態度について説明するのにうってつけの概念だ。つまり、ゲームを遊ぶということは、幾重にも「信じる」行為であり、そのことがゲームに特別な意味を与えるのである。そもそもプレイヤーが遊ぼうという意欲を持たなかったら、演奏《プレイ》されるのを待つ楽譜のように、ゲームは参加してもらうのを待っている形式的なシステムにすぎないのである。*12

遊びに関するこれらの説明をふまえれば、ごっこ遊びやその延長線上に位置する「演じる行為」についてもまた、同様の観点から理解できるはずです。たとえばカイヨワは、先の議論を踏襲する形で、ごっこ遊びの虚構性についてもう少し具体的な説明を加えています。*13

これらの遊びの主な魅力は、役を演じる楽しみ、あたかも他の誰か、他の何物か、たとえば機械になったかのようになぞらえてふるまう楽しみにある。〔規則はないということと〕矛盾して聞こえるかも知れないが、ここでは虚構が、なぞらえる感情が規則に取ってかわり、正確にそれと同じ機能を果たしているといえるだろう。（中略）生活をまねる遊びでは、遊戯者が現実にはない規則を考え出したり、これに従ったりすることはむろんできないだろうが、他方、その遊びはつねに、行なっている振舞いが見せかけであり、物真似にすぎぬという意識が伴う。他の遊びを規定する任意の規則設定にかわって、ここでは、採られる行動の根底にあるこの非現実の意識が、人を日常生活から引き離すのである。規則と非現実の意識は正確に等価であり、したがって、さきほどは規則の不条理性を告発する者が遊びの破壊者であったが、今度は〔演技の〕魔力を破る者が、遊びの破壊者になる。*14

ここで着目したいのは最後の一文です。カイヨワによれば、（遊びが規則順守の意識に支えられたものであったように）ごっこ遊びでは「これは演技である」という虚構性を信じようとする意識が支えになりますが、それ（「演技の魔力」）が破られるときには、演技の虚構性が崩れるというわけです。このように、ごっこ遊びにおいては、当の演じ手となる参与者の意識が重要な意味をもちますが、さらに「演じることを観客が観る行為」を考える際には、鑑賞行為に参加する観客をも含めて、演技の虚構性をめぐる境界の問題を検討しなければなりません。そのとき、「演じること」をめぐる議論は、演じ手（遊びの参与者）の問題から、受け手（鑑賞者）の問題へと裾野を広げることになります。*15

たとえば、文学理論家の大浦康介はフィクションの観点から演技が有する二重性、すなわち、「偽」の側面（演技は日常の所作や話し方とは異なり、あくまで演技である）と「真」の側面（しかし、演技は本当らしくなければならない）について指摘していますが、そこには観客の存在が大きく介在しています。

〈偽〉の側面、つくりものの側面はふつう「構造的に」保証されている。それを保証するのは、非日常的な発声法や所作である以上に、まずは劇場という空間（舞台、幕、桟敷）である。（中略）演劇では、劇場空間がひとつのフレームとして働き、その枠内に入る観客は、そのおかげでいわば安心して、つかのま、みずから進んで劇世界に没入しようとするのである。（中略）

一方、〈真〉の側面、すなわち役者の演技の迫真性は、「構造」の問題ではなく「評価」の問題である。まさに観客が劇世界に没入できるかどうかが、この迫真性（観客が演技を迫真的と感じるかどうか）にかかっているのである。*16

ここでは「偽」の側面が「構造の問題」であるのに対し、「真」の側面は「評価の問題」であると説明されていますが、大浦によれば「偽」の要素にも「ポジティヴ」（作者の意図的な虚構性開示）と「ネガティヴ」（はからずも露呈する「わざとらしさ」や「嘘っぽさ」）の二種類が存在するといいます。そしてその後者、「ネガティヴ」な「偽」の側面は、「本当らしさ」の欠如に由来することから、「真」の側面にも抵触すると説明されており、だとすると、演技の二重性にはいずれの側面においても観客の評価がかかわりうる、と考えられるでしょう。

「是非」ではなく「可否」

やや遠回りになりましたが、ここでやっと本章の議題、「障害を演じること」をめぐって提起される「リアリティがある／リアリティがない」といった論点に立ち返ってみたいと思います。これまでの議論をふまえると、「演じる行為」及び「演じることを観客が観る行為」がそれとして成立するには、「これは演技である」というフィクション性を担保する境界（マジックサークル）が、その演技に参与する人々（演じ手と受け手）のあいだで保持される必要があります。その境界は微妙なバランスで成り立っており、フィクションでありながらも「本当らしさ」が欠如していると受けとられると（またおそらくは、フィクションであるにもかかわらず「本当らしさ」が現実的過ぎると受けとられると）演技としてのリアリティが損なわれる、と考えることができます。*17

これに即してみると、「（健常者が）障害者を演じること」に対して、ある人々（たとえば健常者）は「リアリティがある」と評価し、またある人々（たとえば障害当事者）は「リアリティがない」と評価するような状況は何を意味しているのでしょうか。ここからみえてくるのは、「障害者を演じること」をめぐるフィクションの境界が、ある人々には機能する一方で、別の人々には機能しないことがあるということです。それは「障害者を演じること」をめぐって「フィクションであれば、いかにせよ許容されるべきである」という一絡げの差し止めが成立するわけではない、という当然の事実を再確認させます。

それでは、この境界の「破れ目」は何によってもたらされるのでしょうか。それを考える際に陥りがちな思考の一つとして、「障害」というテーマの特異性を根拠とし、それに対する「特定の人々の過剰な反応」を理由とみなすような見方が存在します。

ところが、フィクションを真に受ける（本気にする）観客や読者の例は少なくない。悪魔が舞台に登場したとたんに逃げ出したというエリザベス朝の観客や、オセロが妻を殺す場面で、憤慨のあまり主人公めがけて発砲したという十九世紀フランスの観客のような、にわかには信じがたい事例は別としても、不道徳、不敬、差別的などの理由で作品を弾劾したり、作者や出版社にたいして暴力やテロを行使したり、彼らを訴えたりする個人読者や団体の例は今日でも珍しくない。（中略）フィクションはけっして現実から隔離された「治外法権」の領域ではないのである。とりわけ宗教、天皇制、障碍者、性といったデリケートなテーマを扱うとき、真偽の埒外にあるという主張はなかなか通用しない。フィクションはつねに、ホントウとして責任をとらされ、ウソとして断罪される危険と隣り合わせなのである。[*18]

たしかに、なかには「障害者を演じること」に対するフィクションの破れ目が、「障害がデリケートなテーマだから、それを扱うこと自体が不道徳、不敬、差別的である」といった理由づけにもとづく場合もあるかもしれません。しかしそれを全面的な理由とするのは短絡的であり、奇妙なことに、嫌悪から障害というテーマを遠ざけようとする人々と表裏一体の結果をもたらすようにも思います。「障害者を演じること」をめぐる議論が一般的に面倒なものにみえたり、一部の人々の過剰反応として嫌厭されたりすることを避けるためには、それを「是非」の問題（「健常者は障害者を演じるべきではない」）ではなく、「可否」の問題（「フィクションとして許容できなくなるとき、その齟齬や乖離はどこから生じるのか」）として捉えてみる視点が必要ではないでしょうか。

そこで目を向けてみたいのが、「障害者を演じること」をめぐる身体性の問題です。演じる行為はそもそも演じる俳優の身体と演じられる役の身体の二重性を帯びていますが、だからこそ可視的な身体が観客にどう受けとめられるのか、ということが重要な意味をもちます。

障害者が健常者を演じるとき

ろう者と聴者のあいだには、手話の使用者と非使用者の違いがあるだけでなく、身体性の差異がある。聴者は視ることと聴くことを並行して日常や社会の生活を営んできているが、ろう者は手話を中心に視ることだけで生活を営んでいる（手話を使わない難聴者もいるが）。その大きな違いが聴者とろう者の身体性の差異を生んでいる。視線の動き、目と眉の動き、身体の反応等といった身体動作やふるまいは、聴者もろう者も無意識に行なっているが、両者の身体現象には大小の違いが表出されている。俳優は無意識に表出される身体動作をコントロールしながら演技を行う困難さと向き合っている。俳優のみならず観者も身分性と演技の間に生起する身体行為のニュアンスまで認識できているかどうかの大きな問題が存在している。それゆえ聴者の俳優がろう者・難聴者の役を演じる際に、演技の是非を評価することには違和感があり矛盾性を孕んでいるように感じる。ろう者・難聴者自身の演技によって直接的に表れる（映画・TVドラマ等の中の）様々なろう者・難聴者の表象を世間の人々は多く目にするべきだと思うし、それによって聴者の俳優が演じるろう者・難聴者役の表象に対して相対的に観ることができる。当事者と非当事者の演技を見比べる環境が形成されたうえで次のステップに進み、新たな映画表現、新たな議論が出現してくることを期待せずにはいられない。[*19]

上記はろうの当事者であり、映画監督として活動している牧原依里による論述ですが、ここで注目したいのは、「障害者を演じること」をめぐる違和感の発端が、スクリーンに表出される俳優の身体に対する観客の認知に依拠するという視点です。また、同じくろう者の映画監督である今井ミカによる以下の指摘にも、「障害者を演じること」をめぐる身体性の問題が提示されています。

また手話という言語は、手の形、動き、向き、位置、顔の動きの五つの要素を合わせて意味が生まれる。音声言語と比べて身体的要素の使い方に違いが多く、そもそも言語の構造が異なるため、音声言語を使う聴者が手話で演じることは、英語など他の音声言語を演じることと比べても、また聴者の俳優がどんなに手話の練習を頑張っても、やはりその表現には限度がある。だからろう者役を聴者が演じている姿を見るとき、画面に映っているのは生きている人間ではなく、リアリティに欠ける、気持ちが通っていないものに思え、純粋に作品を楽しむことができない。[*20]

一見すれば、これらは障害者の身体的要素を「見抜く」ことができる、(障害当事者のような)特定の人々の視点にもとづいた特異な見解に思えるかもしれません。しかし、こうした身体性の問題は、障害当事者の観客だけではなく、あらゆる観客の鑑賞行為に介在しうるはずです。それを理解するためには、「健常者が障害者を演じること」とは逆のパターン、すなわち「障害者が健常者を演じること」をめぐる事例を考えてみるのがよいでしょう。

そこで取り上げたいのが、二〇二一年一〇月二八日にNHKの番組『バリバラ』[*21]で放送された実験的企画です。「#ふつうアップデート 「俳優になれるのは心身ともに健康な人? レッスン編(1)」」と題された当放送回では、番組で旗揚げされた障害者の俳優養成塾である「神戸塾」のメンバー(俳優を目指す障害当事者)たちが、演出家の鴻上尚史のワークショップに参加する様子が取り上げられましたが、とくに注目したいのは、参加者たちがスタニスラフスキーシステム[*22]にもとづいて芝居の実演をおこなう場面での出来事です。

そこである一人の参加者（筋ジストロフィーの当事者）が「穴を掘る」というお題（「会社員の男性が同窓会でタイムカプセルを掘り起こす」という設定）を演じるのですが、そのとき彼は車いすから降りてしゃがみ込み、棒を使って穴を掘る仕草をみせるのです。その姿は普段車いすで生活している自身の身体動作からはかけ離れたものであり、「自分にとって嘘くさい設定を敏感にはねのける」という当ワークショップの課題において疑問を残す結果となります。

後のインタビューで語られるように、じつは彼の行動は「障害のない人ならどういう演技をするんだろう」「ふつうの人なら車いすを降りて掘るのが当たり前だろう」という意識にもとづくものであり、その実践はまさに、「障害者が健常者を演じる」という行為であったことが明らかになります。この出来事に対して、番組の司会者である玉木幸則（脳性麻痺の当事者）と鴻上は、以下のようなやりとりを交わしています。

玉木：さっき前田くん（参加者）のインタビューを聞いてて、「自分が健常者で、健常者の自分が演じるとしたらこういう感じ」って言ってたけど、そこがモヤっとしてて。（障害者としての）こういうしゃべり方とか、この姿って、隠しようがないから、触れんとはいかないわけ。ところが俳優さんになってきたら、別人格を作って演じようとしてたから。

鴻上：いまの自分の障害をどう捉えるかは本人が決めることなのであって、演出家が「こうしなさい」と言うことではないと思う。やっぱり障害をもちながら俳優を目指すっていうことは、その障害を前提とした俳優として生きていくっていうこと。当たり前のことを、時間はかかるけどゆっくりやっていくということ。

上記の会話にも示されるように、ここであらわになるのは、「障害者が健常者を演じること」をめぐって、「演じ手としての（障害者の）身体」と「演じられる（健常者の）身体」とのあいだに生じたあまりに大きな乖離であるといえます。演じ手の身体にともなう可視的な特性は、ときに「これはフィクション、演技である」という差し止めを無効にする要因にもなりうるわけですが、「障害者が健常者を演じる」といった上記のケースは、健常者の視聴者にとっても違和感として認知されたはずです。というのも、そこでは演じられる対象が「健常者」であることから、健常者の視聴者は「健常者」が何たるかを比較的容易に想定しながら、「演じる身体」と「演じられる身体」の乖離や距離を読みとることができた可能性が高いからです。

このように「健常者が障害者を演じること」と「障害者が健常者を演じること」を反転させて考えてみると、「演じること」をめぐる身体性の問題が、障害当事者の観客によってのみ見い出される事柄ではないことが理解できるはずです。

それではなぜ、「障害者が健常者を演じること」については、多くの観客がおそらく容易に違和感を見い出すのに対して（違和感を見い出すことが目に見えているからこそ、「障害者が健常者を演じる」というケースはあらゆる映像作品においてほとんど存在しないともいえます）、「健常者が障害者を演じること」については、身体的な齟齬が可視的に表出されているにもかかわらず、観客によって違和感の抱き方に大きなひらきがある（フィクションの作用が受け手によって機能したり、しなかったりする）のでしょうか。

一つには、製作現場において障害者の存在が想定されてこなかったのと同様に、そもそも観客のなかにも障害当事者が存在しうるという事実があまり想定されていないから、ということが考えられます。だからこそ、フィクションそのものが障害当事者にどう読まれうるかといった観点を含まない設定になっている可能性もあります。しかし、すでに指摘したように、「健常者が障害者を演じること」をめぐる身体的な齟齬は障害者の観客によってのみ見い出されるわけではないはずです。だとすれば、もう一つの側面として、やはり多くの観客がそこに違和感を見い出す視点をもっていないから、ということが考えられます。

当然、フィクション作品における演技をどうみるかということは、本来は個々人の観客にゆだねられることであり、「健常者が障害者を演じること」に対して「すべての観客は違和感に気づくべきだ」などということは（「フィクションなのだから許容されるべきだ」ということと同様に）無意味に思えます。そうではなく、もし「障害者が障害者を演じること」が一般的な状況となることによって、障害者の身体性が人々の目に触れる機会が増えたり、あるいは表象をきっかけとして障害者の身体性が多くの人に認知される機会がひらかれるとすれば、おのずと「演じる身体」と「演じられる身体」をめぐる齟齬がフィクションの「破れ目」として作用する可能性が高まるでしょう。それは「障害を演じること」が、「是非」ではなく「可否」の視点から論じられる契機になるようにも思います。

「わかりあい」とステレオタイプな「身体性」への疑義

さて、ここまで「健常者が障害者を演じること」と「障害者が健常者を演じること」のそれぞれに目を向けてきましたが、本章を結ぶにあたって、「障害者が障害者を演じること」に関する新しい試みの事例にも少しだけ触れておきたいと思います。それが、ＮＨＫで二〇二四年五月から四回に渡って放送されたドラマ『パーセント』（大池容子脚本）です。[*23] 当作品はテレビ局に勤める若手プロデューサーの未来《みく》がドラマ制作をつうじて障害者とかかわりを築いていく過程を描いています。

ある日、自身が立案した学園ドラマの企画が採用され、未来は念願のドラマ制作に携わることになりますが、編成部からは局が掲げる「多様性月間」のキャンペーンを理由に、主人公を障害者に変更すること、また、障害者の俳優を起用することを命じられます。はじめは戸惑う未来でしたが、俳優を目指す車いすの高校生ハルと出会うことで、ドラマの現場において障害者俳優が置かれる困難を目の当たりにすることになります。

『パーセント』は当作品のタイトルであると同時に、ドラマ内で未来が担当するドラマ作品のタイトルでもあり、「障害とドラマ表象」というテーマを「障害をテーマとしたドラマ」をつうじて提示する、あるいは「障害者俳優の起用」をめぐる問題を「障害者が演じること」をつうじて提起する、という点でメタ的な構造を有しているといえます。

『パーセント』には障害をめぐる様々な問題提起がみられますが、とくに注目したいのは、「わかりあえないことへの尊重」と「身体性への尊重」という二つの重要な要素です。当作品のメタ構造には、障害者のキャラクターを素朴に描き出すことよりも、障害者をとりまく社会状況や健常者の

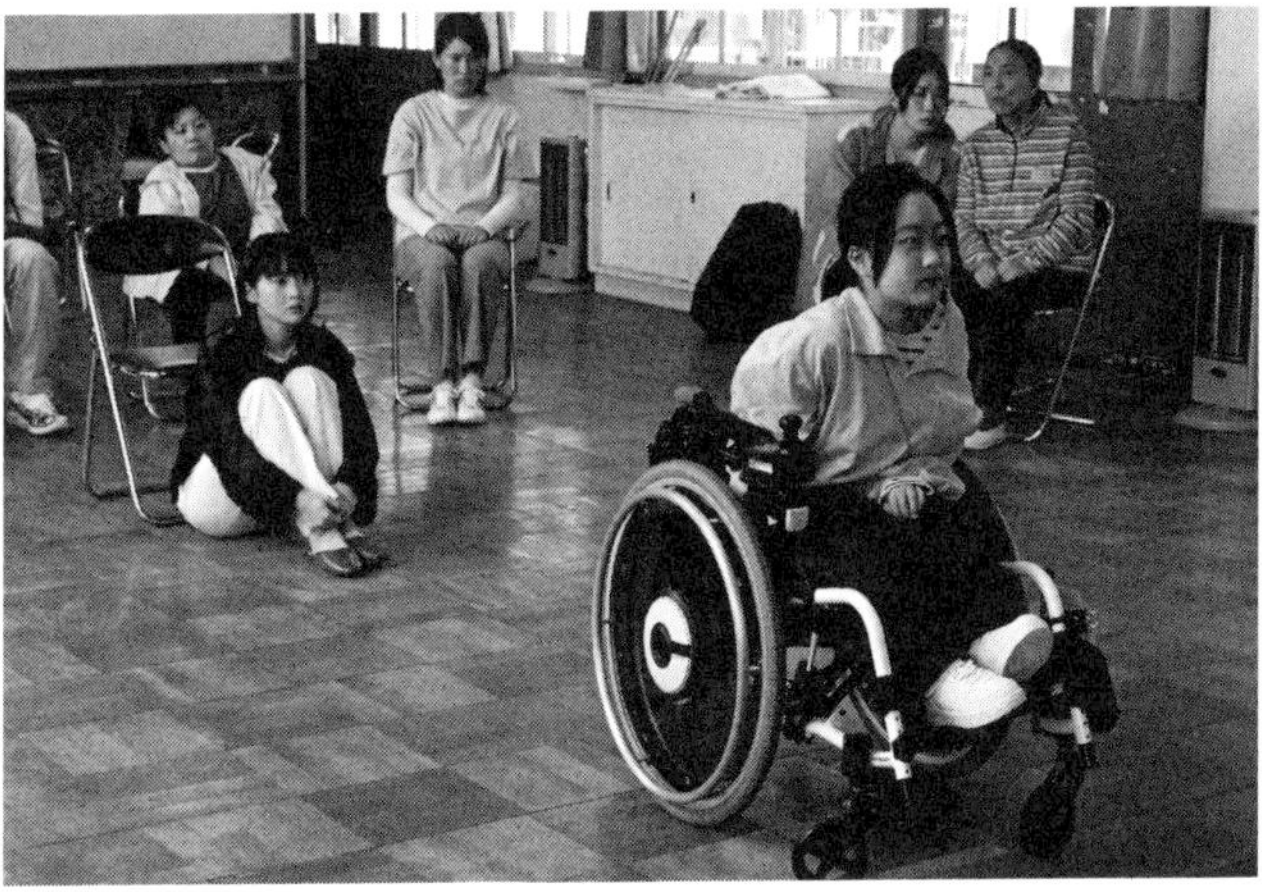

『パーセント』　写真提供：NHK

意識をあぶりだすことを優先する企図が感じられますが、「わかりあえないことへの尊重」という観点はまさにその反映といえるでしょう。表面的な「わかりあい」や「多様性」を排除しようとする態度は、ドラマのストーリーや登場人物のセリフのなかにも如実に示されています。

たとえばハルは、「車いすの障害者だから」という理由で出演をオファーされたことに対して、徹底的な反発を示します。自身の障害に対する「大変だね」という未来の解釈にも、「大変ちゃうわ、これがうちの日常」という言葉をもって強い拒否感をみせます。何度もハルのもとへ足を運ぶ未来の熱意を前に、ハルはオファーを受けることを決心しますが、ドラマの撮影現場でも「障害者が頑張っているのに無理をさせるのはかわいそう」といった周囲の人々の意識が、ハルを悩ませることになります。こうした描写には、メディア表象が障害者に対して課してきた一方的な価値の押しつけへの批判を垣間見ることができるでしょう。

また、上記の企図が投影されるのは障害者の登場人物だけではありません。恋人の龍太郎は「頑張っている」という尺度から障害者をまなざそうとする未来に対して、物語の序盤に、「そんなん感動ポルノやん」というストレートな批判を投げかけます。しかしその未来もまた、「多様性月間」という名目のもとで、「若い」「女性」であることを理由に企画を採用されたという経緯をもつのであり、表面的な「多様性」や「共感」に疑問を抱くという点では、ハルたち障害当時者と類似した立場に身を置くのでした。ドラマの終盤、ハルをはじめとする周囲の人々との関係に自信をなくす未来でしたが、「人の気持ちなんか簡単にわからへんから、わかりたくて、ドラマ作ってるんちゃうの？」というハルの言葉をきっかけに、「わかりたいからぶつかる」というキャッチコピーを打ち出すに至ります。

他方で、「障害と演じること」を考えるにあたって、当作品で重要な問題提起となるのが「身体性への尊重」という要素です。「演じること」に身体性の問題がともなう点はすでに述べたとおりですが、当作品では「障害者が障害者を演じる」という行為においても「演じる身体」と「演じられる身体」のあいだに生じる乖離や距離に対して注意深い意識が向けられています。わかりやすいシーンの一つに、ハルが撮影現場で要求される身体動作をめぐる描写があげられます。車いすを降りて室内を移動するという演技をおこなうハルに対して、監督は「もうちょっと大変そうに動いてくれる？」と演出をつけるのですが、これに対してハルは違和感を示します。

ここで前述の『バリバラ』におけるワークショップの事例を思い出してみることもできるでしょう。そこでは車いすの参加者が普段ならおこなわないような動作（車いすを降りて穴を掘る）、すなわち「障害者が健常者を演じる」という行為をみせたことで、「演じる身体」と「演じられる身体」に大きな乖離が生じる結果となったのでした。一方、『パーセント』における上記のシーンでは、過度な演出によって「障害者が（実態とはかけ離れた）障害者を演じる」という行為が問題視されています。一見すると両者は真逆のベクトルをもつようにみえますが、そこで呈されるのは演技と身体性をめぐる乖離や距離への疑義であるという共通点をもっています。

このような演出要求を前に、ハルは「演技すること」への迷いを生じさせていきますが、そんなハルに気づきを与えるのが、彼女が演技に関心を持つきっかけとなる人物であり、幼なじみで俳優を目指す珠の言葉でした。別人を演じようと心がけるハルに対して、珠は「別人にならなくていい」「どんな役でも、まず自分がそこにいるか」が大切だと語りかけます。これをきっかけに、ハルは「舞台の上だったら障害のある人と見られない」「別人になれる」という自身の考えを改めることになります。こうしたやりとりもまた、前述した『バリバラ』の事例を想起するのであれば、「身体性の尊重」という観点につうじるはずです。

当作品が興味深いのは、こうした観点を障害者に限定的なものではなく、健常者の登場人物にも共通の問題として描いている点です。たとえば、未来はドラマ制作中に密着ドキュメンタリーのインタビューを受けることになりますが、「多様性月間」というキャンペーンに即して、上司によって演出された、自身の思いや振る舞いとはかけ離れたプロデューサー像を演じることになります。しかしその齟齬は結局のところ、ハルや未来自身にとって大きな違和として認知されることになります。

また、劇中劇ドラマ『パーセント』におけるストーリーにも同様の企図を見出すことができます。劇中劇ドラマ『パーセント』では、ハル演じる主人公ユズキとの関係をつうじて、冴えない男子高校生の黒瀬が変化する様子が描かれており、当初の脚本では文化祭の「ミスターコンテスト」で黒瀬が別人のように見違えた姿に生まれ変わる結末が用意されていました。しかし、そうした外見の変化への帰結にハルは疑問を呈し、未来もまた「ミスターコンテスト」自体が差別的である可能性に思い至ります。これらの描写にも、「演じる身体」と「演じられた身体」をめぐる身体性の一致／乖離の問題が含まれているとみることができるでしょう。

上記に示した『パーセント』の問題提起は、やはり当作品が有するメタ構造によって支えられていると考えることができます。というのも、そのメタ構造によって、（本来であれば視聴者からはみえない部分であるかもしれない）「演じる身体」と「演じられる身体」の関係が重層的に可視化されている――つまり、当作品をめぐる「演じる身体」（ハル役を務める障害当事者の俳優・和合由依）と「演じられる身体」（ハルという役柄）の関係の内側に、未来がプロデュースする劇中劇ドラマ『パーセント』をめぐる「演じる身体」（俳優としてのハル）と「演じられる身体」（主人公ユズキという役柄）の関係がさらに内包されている――からです。

もしこれが「障害者の役柄を障害者の俳優が演じる」というキャスティングを適えるだけの作品であれば、視聴者からは「演じる身体」と「演じられる身体」の関係値がこれほど明確に可視化されることはないでしょう。しかし、上記のメタ構造によって、視聴者は「演じる身体」（「主人公を演じるハル」と「ハルを演じる障害当事者の俳優」）のあいだに二重性を認めることになり、画面に映し出された障害者の姿があくまで「演じられた身体」である可能性が担保されるわけです。「障害者が障害者を演じる」という行為は、「演じる身体」（俳優としての障害者の身体）と「演じられる身体」（役柄としての障害者の身体）が強い整合性をもつがゆえに、ややもするとフィクション性を喪失する危機に晒されるかもしれませんが、『パーセント』の試みはそうした可能性も含めて「障害と演技」というテーマにアプローチする作品だといえます。

本章では、「障害を演じること」をめぐるリアリティの問題を「演じる身体」と「演じられる身体」の関係性から考えてきました。障害当事者の身体が映像表象において可視的なインパクトをもつことは、これまでの映画業界でも看過されてきたわけではありません。とはいえ、「障害」というテーマがしばしばドキュメンタリーのジャンルと相性のよいものとみなされてきた背景には、障害をめぐる「演じる身体」と「演じられる身体」の関係を意味づけることの困難が存在しているように思います。

しかし上記の議論をふまえて、「障害を演じること」における身体性の関与に目を向けることは、決して「障害」をテーマとする映画作品においてフィクション性を放棄せよという方向に帰結するわけではありません。スクリーン上に露出された身体が放つインパクトを認めつつ、あくまでフィクションとして、「(俳優としての) 障害者の身体が (役としての) 障害者の身体を演じること」の可能性を検討することが一つの出発点となるのではないでしょうか。

＊1　わかりやすい事例として、『ドライブ・マイ・カー』(二〇二一、濱口竜介) における手話をめぐって生じた議

論をあげてみることができます。当作品は二〇二一年の第七四回カンヌ国際映画祭や二〇二二年第九四回アカデミー賞で国際的な評価を集めましたが、そこには言語と身体というテーマが介在していると解釈することができます。主人公の家福は演出家であり、彼が作中で上演するチェーホフの『ワーニャ伯父さん』の多言語劇は物語の重要な位置を占めていますが、その多言語をなす一つの要素には手話（韓国手話）が含まれています。この手話話者を演じた俳優がろう者でなかったことは、よくある状況の一つだったかもしれませんが、一部の障害当事者から問題視されたのは、手話が用いられた経緯、すなわち監督の濱口竜介がインタビューで「手話は、まさに言語とダンスの中間地点のようなものとして自分には捉えられた」（吉野大地（取材・文）「神戸映画資料館『ドライブ・マイ・カー』濱口竜介監督インタビュー」（二〇二一年）https://kobe-eiga.net/webspecial/cinemakinema/2021/08/1252/（二〇二四年一〇月一六日閲覧））と述べているように、手話を一言語ではなくダンスのようなパフォーマンスとしてみなす態度だったといえます。これに対して、東京国際ろう映画祭の主催者でろうの当事者でもある牧原依里は、ＳＮＳなどでも当作品の韓国手話を疑問視する声があがっていたことに言及しつつ、ラジオインタビューのなかで以下のように指摘しています。「手話がわからない人が見れば、綺麗でいいな、感動する、という人はいるらしいんですけれども。でも私が見ると、やはり手話は言語なんですね。言語として見るんですよ。パフォーマンスとしては見ていない。なので、聴者が美しいと感じるのと、ろう者が美しいと感じるのは、また別ですね。なので、そこの見方の違いっていうのをどうしたらいいのかな、というふうに思います。私があの映画で観た手話は、美しくなかったんですね。それを美しくないと感じるのは、やはりこれは手話じゃないから美しくないんだ、っていうところを、聞こえる人たちもわかってほしいと思っています」（ＴＢＳラジオ「アフター6ジャンクション2　映画で学ぶ「ろう文化」ラジオ特集・文字起こし【前編】」（二〇二二年）https://www.tbsradio.jp/articles/53523/（二〇二四年一〇月一六日閲覧))。

*2 佐藤結(取材・文)・荒井美香・蓮池通子(手話通訳)「Dialogue　深田晃司×今井ミカ　ろう者にとっても聴者にとっても自分の意見が言いやすい現場を目指して」『キネマ旬報』一九一七号、二〇二三年、一九〇頁。

*3 深田は『LOVE LIFE』以降、ろう者向けのワークショップで講師を務めるなどの活動をおこなっていますが、日本語脚本を日本手話に翻訳する過程において生じる、ろう者と聴者の意識的齟齬についての指摘は重要です。「聴者の言語で書かれたものを翻訳して演じてもらうときには、ろう者から見てリアルではない表現を要求してしまう可能性もあります。そして、聴者はそれに気づかないまま、自分にとって見やすいものを正解として受け取ってしまう。ろう者自身が作り手になってフィクションを作っていくことで、そうしたギャップをなくしていけるのではないかということに、今回のWSで気づきました」。前掲、一八八-一八九頁。

*4 クリスチャン・メッツ『映画と精神分析――想像的シニフィアン《新装復刊》』鹿島茂訳、白水社、二〇〇八年、二〇一頁。

*5 前掲、一九八頁。

*6 本章の議論のうち、遊びに関しては、拙稿「ドッキリ番組をめぐるコンテクストの重層性――「遊び」論の視点から」(『成城文藝』二五九号、二〇二二年、一-二六頁)の一部に大幅な加筆をおこなった内容を含みます。また、障害者と演じる行為をめぐっては、拙稿「演じる身体/演じられる身体の虚構性をめぐって――『バリバラ』における障害者パフォーマンスを例に」(『日本コミュニケーション研究』四六巻二号、二〇一八年、一五一-一六七頁)をもとに大幅な加筆・修正をおこないました。

*7 ロジェ・カイヨワ『遊びと人間』多田道太郎・塚崎幹夫訳、講談社学術文庫、一九九〇年、一七頁。

*8 ベイトソン『精神の生態学　改訂第二版』二六一頁。

＊9　ヨハン・ホイジンガ『ホモ・ルーデンス』高橋英夫訳、中公文庫、二〇一九年、三六‐三七頁、ルビは筆者による。

＊10　ケイティ・サレン、エリック・ジマーマン『ルールズ・オブ・プレイ（上）――ゲームデザインの基礎』山本貴光訳、ソフトバンククリエイティブ、二〇一一年、一九二頁。

＊11　前掲、一九三頁。

＊12　前掲、一九八‐一九九頁。

＊13　カイヨワは遊びを四つの類型、すなわち「アゴン」（競争的な遊び）、「アレア」（偶然にもとづく遊び）、「ミミクリ」（模擬的な遊び）、「イリンクス」（眩暈という感覚的な遊び）へと分類しており、ごっこ遊びは「劇の上演と演技」を含むミミクリの遊びに該当します。

＊14　カイヨワ『遊びと人間』三八頁。

＊15　鑑賞行為をごっこ遊びの観点から捉える議論としては、哲学者のケンダル・ウォルトンによる「メイクビリーブ理論」が代表的です。メイクビリーブ理論はとりわけフィクション論の領域において重要な位置づけを担ってきましたが、その要点はフィクション性を作品そのものや作り手の意識だけに還元させるのではなく、鑑賞する受け手の問題として捉えたことにあります。ウォルトンはごっこ遊びにおいて想像を促したり、想像のオブジェクトとなったりするものを「小道具（prop）」と呼びますが、小説や演劇や映画などの鑑賞行為では芸術作品が小道具となり、鑑賞者はその小道具によってごっこ遊びに参加することになります。「表象体はごっこ遊びの小道具となる機能を備えているということ、これはすでに述べた結論だが、このことを前提とすれば、ごっこ遊びの「規則」に自分が従うと見なすという最小限の意味で、鑑賞者たちが通常は遊びに参加している。この点について、議論の余地はほとんどない。言い換えれば、鑑賞者は、作品の命令に沿って想像するよう強

いられていると思っている」。ケンダル・ウォルトン『フィクションとは何か――ごっこ遊びと芸術』田村均訳、名古屋大学出版会、二〇一六年、二一四頁。

＊16 大浦康介「序論　フィクション論の問題圏」大浦康介編『フィクション論への誘い――文学・歴史・遊び・人間』世界思想社、二〇一三年、二二‐二三頁。

＊17 虚構的真理（フィクション内において何が真理とみなされうるか）に関する議論は、フィクション論においても重要な一領域をなしています。本章で詳しく扱うことはできませんが、虚構的真理が現実世界における真理と同一の認識によって捉えられるわけではない点には留意が必要です。

＊18 大浦「序論　フィクション論の問題圏」大浦編『フィクション論への誘い』三〇頁。

＊19 牧原依里「『ケイコ　目を澄ませて』とろう者の世界の接点」佐藤譲二訳、『ユリイカ　詩と批評――特集　三宅唱』第五四巻第一四号、二〇二二年、九二頁。

＊20 今井ミカ「放置されてきた「当たり前」、映画で実現を」『キネマ旬報』一九一七号、二〇二三年、一九一頁。

＊21 『バリバラ』は二〇一二年四月からNHKで放送されている「障害者情報バラエティー」番組です。番組の位置づけや詳しい分析については、拙著『障害者と笑い』ですでに示したとおりです。ここで、（映画作品ではない）当番組の事例を持ち出すことは、「スクリーンのなかの障害」をテーマとする本書にとって一見適切でないと思われるかもしれません。しかし、当番組では「障害者と演技」をテーマとする企画を数度扱っており、その試みを取り上げることは、本章の関心となる「障害と演じること」を考える際にも役立つものであるはずです。

＊22 ロシアの演出家スタニスラフスキーが考案した演技訓練法で、そこでは「誰が・いつ・どこで・何を」という与えられた状況を自分なりの方法で想像することが求められます。当放送回では「演技とは自分の願望をあら

わすものではなく、自分の実感を表現するものである」という点が鴻上によって繰り返し強調されています。

＊23
『バリバラ』の事例と同様に、『パーセント』は映画作品ではなくテレビドラマですが、とりわけ日本の文脈における「障害と演じること」をめぐる新規的な試みであることや、映画作品には同様の企図をもった作品がみられないことから、言及する価値のある事例だといえます。

おわりに——「描き方」を経て「受けとられ方」へ

本書では、スクリーンのなかで障害がいかに描かれてきたのか、また、より今日的な映画作品のなかで障害がいかに描かれるようになったのか、を検討してきました。本書の中心的な課題は映画における障害表象をできるだけ丁寧に分析し、複数の視点から考察することにありましたが、それは表象の問題を取り扱うことで社会のありようや人々の意識を探る、という前提に支えられたものです。

近年、「障害」というテーマは研究対象としても、また、社会的な論点としても、ますます関心を集めています。しかし他方で、現実社会における障害の捉えられ方や、障害をめぐって生じる様々な問題が、じつは映画やテレビ番組やSNSコンテンツのような（一見すると単なる娯楽の対象とも受けとられがちな）メディアにおける表象と接続性をもつという点は、十分に考察されていないようにも思います。本書が「表象の次元における障害の描かれ方」と「社会における障害の捉えられ方」の双方に目を向けることの重要性を強調してきたのは、そうした事情によります。

本書の前半では、この「表象の次元における障害の描かれ方」と「社会における障害の捉えられ方」の両側面について、とくに通時的な視点から検討を加えてきました。通時的な視点といっても、あらゆる映画作品を扱うには到底至らなかったことに、不満が残るとの見方もあるかもしれません。しかし、本書では変遷の傾向を抽出することを優先し、できるだけわかりやすい事例に言及してきたつもりです。

障害研究の領域においても、映画研究の領域においても、「障害」あるいは「映画」を歴史的・通時的な視点から論じる多くの良書の存在を認めることができます。しかし、「スクリーンのなかの障害」を考察対象にしようとすると、その範囲は途端に狭まるようにみえます。それは「障害」と「映画」が重なる領域に横断的視点が見い出されてこなかったことの証でもあり、今後、より体系的な研究を遂行していくことが望まれることに気づかされます。

本書の後半では、「コミュニケーション」「視覚的・聴覚的再現」「演じる行為」といった視座を導入しながら、「スクリーンのなかの障害」を論じるための考察視点と、それらが有する問題を提示してきました。こうした論点をつうじて明らかになったことの一つは、映画における障害表象をめぐる議論が、「いかに描かれているのか」という表象内部の次元にとどまらず、「観客にとっていかに受けとられうるのか」という鑑賞の次元に関与するという点です。そもそも映画における障害表象の意味が、スクリーンを観る（あるいは聴く）という観客の行為をつうじてあらわになるものであることをふまえれば、鑑賞の次元に目を向けることの重要性はあらためて強調されるべきでしょう。

本書で示した考察視点のなかでも、とりわけ「演じる行為」に関する議論はさらなる展開の余地があります。本論ですでに指摘したように、「障害を演じること」はしばしば権利の問題として論じられることから、ときに「デリケート」で「扱いにくい」トピックとして認識されているような印象を受けます。それはメディアにおける障害表象が、度々「コンプライアンス」や「ポリティカルコレクトネス」といった観点と結びつくことで、（不本意にも）「腫れ物」扱いされてきたこととも重なります。しかし、「障害」というテーマが社会的な関心から遠ざかってしまうことを避けるためには、そうした「扱いにくさ」の正体と、じっくりと向き合ってみることが必要ではないでしょうか。本書ではどちらかといえば「健常者が障害者を演じること」をめぐるフィクション性の問題を取り上げてきましたが、その延長線上にある事柄として、「障害者が障害者を演じること」をめぐるリアリティとフィクショナリティの問題についてはさらなる検討が求められます。「スクリーンのなかの障害」というテーマは多方向への発展可能性を潜在させているため、本書で扱えなかった論題や課題は多々ありますが、ドキュメンタリー映画における障害表象の考察もその一つです。本論では言及していませんが、映画と表象の関係を通時的に眺めると、「障害」というテーマが古くからドキュメンタリーのジャンルと相性のよいものとみなされてきたことがわかります。その理由を考えてみると、そこにはやはりスクリーン上で、障害者の身体やコミュニケーションがいかに可視化されうるのか、またそれが観客の受けとめにおいていかなるリアリティを与えうるのか、といった論点が横たわっているように思います。ドキュメンタリー映画はフィクション映画とは異なる構造を有しながらも、それが一種の表象である点では演技性やフィクション性とも切り離せない側面をもつはずです。ドキュメンタリー映画における障害表象をとおして「コミュニケーション」「視覚的・聴覚的再現」「演じる行為」といった問題を再検討してみることについては、今後の課題として取り組んでいくつもりです。

いずれにせよ、試論的な内容を含む本書は、障害研究や映画研究やフィクション研究といった各々の専門分野からみると、多分に不足点が見い出されるかもしれません。それでもルーマンのコミュニケーション観が示唆するように、本書が様々に読まれ、後続する解釈のなかに投げ込まれることで、障害をめぐる巨大なコミュニケーション過程の一端に位置づけられることになれば幸いです。

本書の刊行にあたっては、フィルムアート社の伊東弘剛氏に多大なるご尽力をいただきました。「映画と障害者表象」は私にとってかねてから興味のあるテーマでしたが、大学院生時代に論文テーマとして扱って以来、しばらく自分の研究対象からは遠ざかった内容となっていました。先延ばしにしていた本テーマへの取り組みについて、「いま」の時代・社会のなかで扱うことに意義があるのだと、映画研究の専門家でもない私にお声がけくださった伊東氏の存在がなければ、本書を実現させることはできませんでした。心より感謝申し上げます。

画像掲載作品関連情報（2024年11月現在）

『最強のふたり』
DVD：1,257円（税込）
発売・販売元：ギャガ株式会社
©2011 SPLENDIDO/GAUMONT/
TF1 FILMS PRODUCTION/TEN FILMS/CHAOCORP

『コーダ あいのうた』
DVD：1,257円（税込）
発売・販売元：ギャガ株式会社
©2020 VENDOME PICTURES LLC, PATHE FILMS

『サウンド・オブ・メタル 〜聞こえるということ〜』
デジタル配信中
発売・販売元：株式会社ソニー・ピクチャーズ エンタテインメント
©2020 Sound of Metal, LLC. All Rights Reserved.

『ケイコ 目を澄ませて』
Blu-ray：6,050円（税込）　DVD：4,950円（税込）
発売・販売元：株式会社ハピネット・メディアマーケティング
©2022 映画「ケイコ 目を澄ませて」製作委員会／
COMME DES CINÉMAS

索引

人名

あ

か

さ

た

な

は

ま

や

ら

わ

作品・番組名

あ

か

塙 幸枝（ばん・ゆきえ）
1988年生まれ。成城大学文芸学部准教授。専門領域はコミュニケーション学、メディア論。著書に『障害者と笑い』（2018年、新曜社）がある。共著には『メディアコミュニケーション学講義』（2019年、ナカニシヤ出版）、『コンテンツのメディア論』（2022年、新曜社）、『メディア・リミックス』（2023年、ミネルヴァ書房）などがある。

スクリーンのなかの障害

わかりあうことが隠すもの

2024年11月30日　初版発行

著者　塙 幸枝
デザイン　戸塚泰雄（nu）
編集　伊東弘剛（フィルムアート社）

発行者　上原哲郎
発行所　株式会社 フィルムアート社
〒150-0022
東京都渋谷区恵比寿南1丁目20番6号　プレファス恵比寿南
Tel 03-5725-2001
Fax 03-5725-2626
https://www.filmart.co.jp/

印刷・製本　シナノ印刷株式会社

ISBN978-4-8459-2311-3　C0074

〈本書のテキストデータを提供します〉
視覚障害その他の理由で活字のままで本書をご利用できない方のために、テキストデータを提供いたします。ご自身のメールアドレス、お名前、ご住所を明記し、右下のテキストデータ引換券（コピー不可）を同封の上、下記の住所までお申し込みください。

〒150-0022　東京都渋谷区恵比寿南1丁目20番6号 プレファス恵比寿南
株式会社フィルムアート社　テキストデータ係

『スクリーンのなかの障害』
テキストデータ　引換券